Was die Welt zusammenhält

Gespräche mit Reinhold Würth

Jonas Weyrosta

Was die Welt zusammenhält

Gespräche mit Reinhold Würth

Swiridoff Verlag

»Eine Biografie ist eine Sammlung
von Zufällen, das Kontinuierliche
besteht in der Sensibilität für Zufälle.«

Niklas Luhmann

Inhalt

Vorwort

Ein kalter Montagmorgen im Mai 2022. Raum der guten Gedanken, so wird er von den Mitarbeitenden genannt, der schmucke Besprechungsraum im vierten Obergeschoss des Firmenhauptsitzes in Gaisbach. Ein langer schwarzer Holztisch, ein schwerer roter Teppich, frischer Kaffee steht bereit. Stille. Die Wände wirken massiv, nichts ist hier zu hören von der Hektik draußen rund um Reinhold Würths Büro. Nur ein kleiner Springbrunnen plätschert verlässlich in einer Ecke des Raums.

Reinhold Würth kommt mit etwas Verspätung, zieht seine Atemschutzmaske ab und bittet darum, den Brunnen auszuschalten. Strom sparen? Ich spare mir für den Anfang die flapsige Frage, die nur darauf anspielen sollte, wie sparsam Reinhold Würth ist. Jener Mann, der aus fast nichts nicht alles, aber ziemlich viel geschaffen hat. Mit 14 Jahren von der Schule ab, mit 19 eine überschaubare Schraubenhandlung vom Vater übernommen, diese in mehr als 70 Jahren Berufstätigkeit zu einem unumstrittenen Weltkonzern geformt.

Nein, der Springbrunnen ist ihm schlicht zu laut. Ein Buch über sein Leben wolle ich machen? Ein Frage-und-Antwort-Spiel über ein Jahr mit mehreren Treffen? Nicht so sehr den

Unternehmer, sondern besonders den Menschen Reinhold Würth in den Mittelpunkt stellen? Würth mustert mich skeptisch. Er sei kein Philosoph, er verkaufe Schrauben, sagt er knapp und streicht mit der flachen Hand die Haare auf seinem Kopf glatt.

Wir hatten uns bereits einmal zu einem langen Interview getroffen, im Dezember 2021. Damals ging es um Reinhold Würths Glaube an Gott, um Momente des Haderns und die Frage, was ihm Halt gibt. Wir sprachen etwa 90 Minuten miteinander. Am Ende sagte Würth, es sei richtig angenehm gewesen, mal nicht über Zahlen zu sprechen. Damals steckte das Land mitten in einer Pandemie, in Kurzarbeit und irgendwie auch noch immer in der Schockstarre ob der pandemischen Notlage. Würth wirkte rastlos, die Krise trieb ihn um. Und er sagte einen Satz, der mir seitdem nicht mehr aus dem Kopf gehen will: »Ich hätte gerne auch im Himmel etwas zu tun.«

Die Idee zu diesem Buch war im Anschluss an unser erstes Treffen schnell geboren. Gespräche mit Reinhold Würth über das Leben, über Last und Liebe, über Glaube und Zweifel und nicht zuletzt auch über Krieg und Frieden.

Aus der Pandemie wurde eine Epidemie und der Angriff Russlands auf die Ukraine hat die Welt erneut in den Krisenmodus zurückgeworfen. Seit bald drei Jahren herrscht ein Ausnahmezustand, der auch an Reinhold Würth nagt. Man sollte doch meinen, dass dieser Mann alles erlebt hat. Er hat als kleiner Junge von Künzelsau aus den Feuerschein der Bomben auf Heilbronn gesehen, hat die amerikanischen Jagdbomber über dem Kochertal fliegen sehen, später den

Verlust des Vaters verkraften müssen. Und doch war es Reinhold Würth, der in unseren Gesprächen immer wieder die Themen Krieg und Frieden, Krise und Verantwortung aufgegriffen hat. Ein Mann mit Sorge um die Welt. Ein Mann mit der Frage, was die Welt noch zusammenhält.

Am Ende unseres Gesprächs im Raum der guten Gedanken, Reinhold Würth muss schnell los, will ich wissen, ob ich den Springbrunnen wieder anschalten soll. Würth zieht die Schultern hoch, das sei ihm egal. Er verabschiedet sich freundlich und sagt, ich solle das Licht ausschalten, wenn ich gehe.

Jonas Weyrosta,
Stuttgart, 30. Dezember 2022

I

Kindheit und Heimat

Reinhold Würth gehört zu jenen Menschen, denen man auch im hohen Alter anzusehen glaubt, wie sie als kleiner Junge ausgesehen haben müssen. Mit bald 90 Jahren haftet immer noch etwas Bübisches an ihm, man meint ihn fast vor sich sitzen zu haben, den kleinen Kerl aus Künzelsau, von dem er in diesem Kapitel erzählt.

Mit Reinhold Würth über Heimat zu sprechen, liegt zugegebenermaßen nahe. Ein Leben an einem Fleck. Immer unterwegs, aber fest angewachsen. Würth lebt, wo er herkommt. Er ist geblieben, wo er immer schon war. Würth ist Hohenlohe und für viele Menschen ist Hohenlohe irgendwie auch Würth.

Theodor W. Adorno schrieb im Exil über seine deutsche Heimat einmal folgenden Satz: »Ich wollte einfach dorthin zurück, wo ich meine Kindheit hatte, am Ende aus dem Gefühl, dass, was man im Leben realisiert, wenig anderes ist als der Versuch, die Kindheit verwandelnd einzuholen.«

Darüber, was Heimat ist und was sie nicht ist, wozu sie allzu oft verformt wird, von wem sie gar missbraucht wird und was Heimat für Reinhold Würth mit Kindheit zu tun hat, davon handelt dieses Kapitel.

Wenn Sie an Ihre Kindheit zurückdenken, was kommt Ihnen zuerst in den Sinn?

Ich habe kaum etwas auszusetzen an meiner Kindheit. Das einzig Negative, das mir einfällt: dass ich immer sehr ungern in die Schule gegangen bin. Sonst hatte ich ein behütetes Elternhaus, war das Ein und Alles meiner Mutter. Ich war lange Zeit ihr einziges Kind. Mein Bruder ist zehn Jahre jünger als ich.

Wie war die Beziehung zum Vater?

Er war mein Vorbild, ein Fixpunkt für mich.

Ihr Vater nahm Sie früh von der Schule, um Sie im Unternehmen auszubilden. 1954 starb er überraschend, Sie waren damals gerade 19 Jahre alt und mussten fortan das Familienunternehmen leiten. Konnten Sie lang genug Kind sein?

Nein, das würde ich so nicht sagen. Auch als mein Vater noch lebte, wurde ich stark in die Entwicklung des jungen Betriebs eingebunden. Seit ich ungefähr zehn Jahre alt war.

Wenig Zeit für Müßiggang, für das kindliche Entdecken der Welt um Sie herum.

Man sagt ja, Müßiggang ist aller Laster Anfang. Dafür hatte ich keine Zeit, es gab keinen Müßiggang. Als Kind hatte ich kaum Zeit, um mit Freunden zu spielen. Wenn ich von der Schule kam, war mein Platz in der Schlossmühle. Wenn ich meine Hausaufgaben gemacht hatte, wartete dort Arbeit auf mich. Schrauben packen, jeden Tag.

Viel Verantwortung für einen Jungen. Haben Sie jemals um Ihre verpasste Kindheit getrauert?

Dieses Gefühl kenne ich eher bezogen auf die Jugend, auf die Zeit nach Beendigung der Schulzeit. Wenn ich sehe, was junge Leute heutzutage alles machen können, und vergleiche, was ich als junger Mensch alles nicht machen konnte.

Woran denken Sie dabei genau?

Einer meiner Enkel hat nach Abitur und Bachelorabschluss einen VW-Bulli gekauft und zum Wohnwagen umgebaut. Er will drei, vier Monate durch Irland reisen. So etwas hätte ich auch gerne gemacht, aber das war mir nicht vergönnt. Ich gönne es dem Jungen natürlich und freue mich mit ihm. Und ich gebe ihm auch ein paar Euro mit auf die Reise.

Hat Ihr Enkel Sie denn mal probesitzen lassen?

Bis jetzt noch nicht.
Aber das kommt sicher noch.

Wie war denn die Beziehung zu Ihren Großeltern?

Sie lebten in Ilsfeld, das war in der damaligen Zeit nicht so ganz nah von Künzelsau aus. Aber ich war gerne bei ihnen auf dem Hof. Mit dem Zug bis Waldenburg, erster Umstieg, weiter nach Heilbronn, durch Heilbronn hindurch zum Südbahnhof, zweiter Umstieg, weiter mit der Schmalspurbahn von Heilbronn-Süd bis Ilsfeld. Also eine ordentliche Reise zu Oma und Opa.

Zumal diese Reisen in einem vom Krieg zerrütteten Land stattgefunden haben.

Ich staune heute noch manchmal, was damals möglich war. Ich glaube, es war der Winter 1943/1944, damals war ich acht Jahre alt. Da haben mich meine Eltern nach Ilsfeld geschickt, um bei den Großeltern nach dem Schlachtfest schöne Fleischstücke abzuholen. Ich sollte gemeinsam mit einem Mädchen aus Frankfurt reisen, das bei uns lebte, weil es evakuiert werden musste. Sie war vielleicht zwei Jahre älter als ich. Zusammen sind wir nach Ilsfeld gereist und wieder zurück. Zwei Kinder unterwegs im Kriegsland.

Weshalb erinnern Sie sich ausgerechnet an diese Reise?

Weil es damals in Heilbronn plötzlich Luftalarm gab und wir im Hauptbahnhof in den Keller fliehen mussten.

Heilbronn war Ziel vieler Bombenangriffe im Zweiten Weltkrieg.

Ich habe die Bilder bis heute vor Augen. Ich bin mit meinem Vater im Dezember 1944 durch Heilbronn gegangen. Ich habe die großen Zerstörungen gesehen, grausame Eindrücke, Leichen auf dem Boden, noch nicht abgeholt, noch nicht begraben. Das sind Bilder, die behalten Sie Ihr Leben lang.

Hat Ihr Vater Ihnen erklärt, was damals vor sich ging?

Da gab es nicht viel zu erklären. Mir war bekannt, dass das der Zweite Weltkrieg war. Für politische Gespräche war ich noch zu jung. Aber wir hatten ein enges Verhältnis, mein Vater und ich.

Haben Sie schöne Erinnerungen an gemeinsame Unternehmungen?

Einmal sind wir zu Fuß von Ilsfeld nach Künzelsau gelaufen. Wir hatten zwei, drei Flaschen Wein dabei, aber keinen Korkenzieher. Da hat er die Flasche an einem Steinbrocken geöffnet, ihr einfach den Hals abgeschlagen und ein Taschentuch darumgelegt, um sich nicht an den Glassplittern zu verletzen. So konnten wir Wein trinken. Auch solch schöne Erinnerungen habe ich aus dieser schweren Zeit.

Wann genau hatte der Krieg das Leben Ihrer Familie erreicht?

Das weiß ich sogar ganz genau. Mein Vater war in den Anfangsjahren des Krieges Werksleiter bei der Firma Zinser im Elsass. Einmal hat er mir von dort eine Deutschlandkarte mitgebracht, das war illegal. Im Radio wurden damals permanent die Positionen der angreifenden Bomberverbände durchgegeben. Diese Karte war in Raster eingeteilt, B18, C14 und so weiter. Gemeinsam mit einem Freund habe ich darauf heimlich die Flugrouten der Bomber eingetragen. Wir wussten immer, wo die Bomben gerade fallen. So habe ich den Krieg richtig auf uns zukommen sehen.

Hatten Sie als Kind nicht viele Fragen?

Man sprach nicht über den Krieg. Was ich verstand: Wenn mein Vater von der Arbeit nach Hause kam, hat er über das Radiogerät immer einen schweren Teppich gelegt und darunter heimlich Auslandssender gehört. Mir war klar, dass das nicht erlaubt sein konnte.

Wie erlebten Sie die Ankunft der amerikanischen Soldaten im Jagst- und Kochertal?

Das war 1945, der Krieg war damals schon längst bei uns. Die deutsche Wehrmacht hatte in der ehemaligen Kegelbahn der Bahnhofswirtschaft in Künzelsau eine Kommunikationszentrale eingerichtet, ein Telefonfernamt. Da saßen die Helferinnen vor den Kästen mit den Stöpseln, da liefen große Kabelbündel hinein. Wir Kinder haben oft zum Fenster reingeschaut, was die Frauen da machen. Links und rechts vom Kocher hatte die Infanterie Gräben ausgehoben und Geschütze aufgebaut. Auch dabei haben wir Kinder immer zugeschaut. Die Stadthalle war zu einem Textillager für Verdunklungsstoffe umfunktioniert. Dort konnte man sich bis zur Kapitulation gegen Bezahlung dunklen Stoff besorgen. Ich erinnere mich an eine weiße Aufschrift auf diesem Stoff. Nach dem Krieg hat man noch jahrelang Menschen mit diesem Stoff herumlaufen sehen, sie hatten sich Kleidung daraus genäht. Vor dem Schlachthaus bildeten sich regelmäßig Menschenpulks, dort wurde Notgeschlachtetes verkauft. Wer drängelte, musste sich wieder hinten anstellen. Auch diese Erlebnisse sind mir in Erinnerung geblieben.

Welche Erinnerungen haben Sie an die Zeit nach der Kapitulation der deutschen Streitkräfte?

Ich sehe noch die Bilder vor mir, wie viele deutsche Soldaten, die ihre Pferde am Halfter führten, am Freibad vorbeigingen. Es waren große Trecks, vermutlich auf dem Weg zum Flachswerk. Dort war damals kurzzeitig ein großes Gefangenenlager. Die Menschen haben ihnen noch etwas zum Essen zugeworfen.

Gab es für Sie damals auch persönlich eine gefährliche Situation?

Ja, das muss aber bereits 1944 gewesen sein. Da kam ein Jagdbomber das Kochertal heruntergeflogen, unterhalb der Hohenloher Ebene, und hat die Kochertaleisenbahn angegriffen. Die war vom Künzelsauer Bahnhof Richtung Ingelfingen unterwegs. Der Zug war kurz vor der Kochertalbrücke und der Pilot in seiner Maschine hat schon Hunderte Meter vorher mit Leuchtspurmunition angefangen zu schießen, um zu sehen, wohin er trifft.

Wo waren Sie in diesem Moment?

Wir haben auf der Straße gespielt und sind zur Seite gerannt, als wir die Schüsse hörten. Keine 20 Meter entfernt von mir war später ein riesiges Loch in der Straße. Der Lokomotivführer Steinbach, der in unserer Nachbarschaft wohnte, wurde an diesem Tag totgeschossen. Da hat nicht viel gefehlt.

Waren Ihre Eltern je in gefährlichen Situationen?

1945 hatte mein Vater seine Position in der Firma gewechselt, weil er im Elsass vor den Amerikanern fliehen musste. Da hat ihn ein Mitarbeiter von dort mit dem Bulldog zum Rhein gefahren und dann hat ihn ein Flößer über den Rhein gebracht, damit er ins damalige Reichsgebiet zurückkam. Er hat später in Ebersbach eine Stelle angenommen und sollte in Bartenstein eine Munitionsproduktion aufbauen.

Es muss im März gewesen sein, da sind wir zu Fuß von Künzelsau nach Bartenstein marschiert. Da waren die Jagdbomber unterwegs und haben auf alles geschossen, was sich bewegt hat. Im Jagsttal lag ein Pferdegespann auf dem Feld, totgeschossen. Wir versteckten uns hinter einem quadratischen Steinhaufen, der an der Straßenseite aufgeschichtet war, und gingen dann auf die andere Seite, von wo die Tiefflieger hergekommen waren. Die haben uns nicht gesehen und wir kamen gut in Bartenstein an.

Soldat war Ihr Vater nicht?

Er hatte einen Herzfehler. Man nannte seine militärische Aufgabe damals GVH, Garnisonsverwendung Heimat.

Wo kamen Sie nach Ihrer Wanderung in Bartenstein unter?

Damals hatten wir ein Zimmer in der Bäckerei bekommen, das Haus steht heute noch. Ich war kürzlich wieder einmal dort und habe mir das angeschaut. Es blieb mir all die Jahre in Erinnerung. Das sind solche Reminiszenzen an die Zeit mit meinem Vater, die über 70 Jahre alt sind.

Welche Erinnerung haben Sie an die Stimmung in der Bevölkerung zu dieser Zeit? War nach der Ankunft der Amerikaner ein Gefühl von Befreiung spürbar?

Ach, man hatte die Nase voll vom Krieg. Die Menschen wollten Frieden. Man wollte nichts mehr wissen vom Krieg, es war sekundär, was nachher passieren würde. Man wollte endlich Frieden haben.

Mein Vater hatte einen Freund, der war in der NSDAP als Schriftführer in der Ortsgruppe tätig. Der wurde für ein paar Wochen in Heilbronn interniert. Meine Familie und ich, wir mussten aus unserer Wohnung raus, wir konnten dann ausgerechnet bei dieser Familie in der Hauptstraße Unterkunft finden, also mitten im Geschehen. Für uns Buben war die Ankunft der amerikanischen Soldaten sehr interessant.

Was war so interessant?

In der Konsul-Uebele-Straße habe ich damals den ersten Schwarzen in meinem Leben gesehen. Zuerst sah ich den Helm und dann sein schwarzes Gesicht. Alle waren sehr freundlich zu uns. Wir durften mit dem Lkw mitfahren nach Dörzbach, denn dort war ein Versorgungslager eingerichtet und wir holten Brot säcke ab.

Wie war der Neuanfang nach dem Krieg für Ihren Vater?

Die Amerikaner waren recht wohlwollend. Mein Vater hat knapp vier Wochen nach dem Einmarsch der Amerikaner seine Firma gegründet. Das Permit, um den Ort für seine Arbeit verlassen zu können, hat er noch vom amerikanischen Militär bekommen. Dann sind wir mit dem Kuhfuhrwerk von Herrn Dümmler und seinen Kühen auf einem eisenbeschlagenen Holzfuhrwerk nach Ernsbach gefahren in die Schraubenfabrik und haben dort Schrauben abgeholt. Der Direktor Ruhnau war meinem Vater wohlgesonnen. Beide waren Zigarrenraucher und mein Vater hatte Kontakte zu einer kleinen Zigarrenfabrik in Heilbronn. Ich musste mit dem Fahrrad des Öfteren nach Ernsbach fahren und Herrn Ruhnau eine Kiste Zigarren bringen.

Hat diese Erfahrung Sie später selbst zum Raucher werden lassen?

Ich habe in meinem Leben vielleicht zehn Zigaretten geraucht. Meine Karriere als Raucher ist also nicht der Rede wert.

Sie mussten früh von der Schule abgehen und in die Lehre im väterlichen Betrieb. Wie haben Sie sich eigentlich über deutsche Geschichte, deutsche Verbrechen informiert? Wie haben Sie sich ein Bild gemacht von dieser Zeit?

Ich ging 1949 von der Realschule ab. Nach vier Jahren. Zwei Jahre fehlten mir bis zur mittleren Reife. Aber mein Vater sagte: Der Kerle soll nicht auf der Schulbank rumrutschen, der soll was schaffen. Und ich muss sagen, das war eine unglaublich weise Entscheidung von meinem Vater. Ich bezweifle, dass in dieser Zeit zum Schulstoff auch die Verbrechen der Deutschen zählten.

Was waren Sie für ein Schüler?

Nie besonders fleißig, ich bin nie rausgestochen oder so. Aber ich hatte ein gutes Verhältnis zu den Schulkameraden. Wir haben bis heute noch alle zwei Jahre ein Klassentreffen. Ganz interessant, was aus den einzelnen Schulkameraden geworden ist. Aber wir werden natürlich immer weniger. Die Reihen lichten sich.

Welche Rolle spielte die deutsche Geschichte in Ihren ersten Jahren im Unternehmen?

Das war kein großes Thema. In einem Unternehmen geht es vielmehr um persönliche Beziehungen. Ich staune heute noch, wie viele Menschen mir in jungen Jahren ihr Vertrauen geschenkt haben. Wir haben vor wenigen Monaten in Holland ein 60. Betriebsjubiläum gefeiert. Ich habe diese Firma gegründet und ich war dabei. Das ist verrückt, wenn Sie als Gründer 60 Jahre später zurückkommen und sehen, was sich da entwickelt hat. Ein gutes Gefühl!

Als Sie die Schraubenhandlung Ihres Vaters übernommen haben, war die Zahl der Mitarbeitenden überschaubar. Sie mussten dann in jungen Jahren viele Personalentscheidungen treffen, Chef sein. Wie war das für Sie?

Gerade jenen Geschäftsführer in Holland habe ich noch persönlich eingestellt. Damals war ich 26 Jahre alt, er war ein gestandener Mann mit Familie und zwei Kindern. Er arbeitete zuvor bei einer amerikanischen Firma in Düsseldorf und ich wollte ihn abwerben. Was soll ich sagen? Es hat funktioniert.

Was hat ihn und weitere überzeugt, sich auf einen jungen, unerfahrenen Kaufmann aus Künzelsau einzulassen?

Irgendetwas an meiner Art muss die Leute überzeugt haben. Ich erlebte das bereits als Jugendlicher in der Zeit meiner Ausbildung. Mein Vater schickte mich schon mit 14, 15 Jahren zu Verkaufsgesprächen. Und ich brachte wirklich auch Aufträge mit nach Hause.

Was war Ihr Erfolgsgeheimnis?

Ich war eher schüchtern und introvertiert, bin bei Kunden bescheiden aufgetreten und habe mich früh in Dankbarkeit und Demut geübt und versucht, das immer beizubehalten.

Wie behält man als gestandener Firmenchef Demut bei?

Kleine Gesten, darauf kommt es an. Ich habe in meiner aktiven Zeit in der Geschäftsführung Hunderte von Briefen an die Außendienstmitarbeiter unterschrieben. Ich habe ihnen zu guten Geschäftsabschlüssen gratuliert.
Ich weiß, was das bedeutet, und bedankte mich herzlich dafür. Etwa so: Ich gratuliere Ihnen und hoffe, dass es nächsten Jahr wieder so läuft.

Diese Briefe habe ich aber selbst unterschrieben. Verkäufer haben ein sehr feines Gespür, was nur vom Computer kommt und was von Herzen. Solche Leute, die gehen für das Unternehmen durchs Feuer, wenn sie sehen, wie man hier mit ihnen spricht und mit ihnen umgeht.

Gibt es weitere frühe Lehren, die Ihr Unternehmerleben geprägt haben?

Von Natur aus bin ich unglaublich sparsam erzogen worden. Also jeder Schnürsenkel, jedes Brot, alles war in meiner Kindheit wertvoll. Das war eine der Eigenschaften, die ich mir eigentlich mein ganzes Leben erhalten habe. Weit entfernt von Geiz, aber doch eine gewisse Genügsamkeit.

Heute nennt man das Nachhaltigkeit.

Ressourcen zu schonen, sie zu pflegen, ist inzwischen modern, aber eigentlich uralt. Wenn irgendwo Licht brennt und niemand ist im Raum, mache ich es natürlich aus. Das ist mir in Fleisch und Blut übergegangen. Es gibt heute Kinder, die merken nicht mal, dass da Licht an ist. Wir wussten damals nichts von Umweltschutz oder Auswirkungen auf das Klima. Heute ist das anders, Klima ist heute vielleicht das größte Menschheitsthema und eine akute Bedrohung für all das, was wir Heimat nennen.

Was ist Heimat für Sie?

Heimat hat für mich etwas mit Jugend zu tun. Ich glaube, wir Menschen verbinden Heimat mit unserer ersten Lebenszeit, wo wir aufgewachsen sind, wo wir großgeworden sind, wo wir unsere ersten Lebensjahre, Eindrücke und Erfahrungen gesammelt haben.

Haben Sie eine sentimentale Einstellung zu Hohenlohe?

Hier hatte ich meine ersten Freunde, hier bin ich aufgewachsen. Heimat ist immer auch ein bisschen verbunden mit Sentiment. Insbesondere wenn man älter wird. Dann erkennt man die Endlichkeit des Lebens und erinnert sich zurück an die Unbeschwertheit der Kindheit, der Jugend. Ich habe das Glück, noch dort zu leben, wo ich geboren bin. Und ich habe meine Heimat natürlich auch sehr lieb. Ich bin hier sehr viel gewandert, Rad gefahren, auch Motorrad. Tagesausflüge habe ich da gemacht, bis nach Bamberg und zurück. Aber das liegt inzwischen 40 Jahre zurück.

Was macht Hohenlohe für Sie aus?

Eine friedvolle Gegend mit viel Wald. Und natürlich die Menschen hier.

Was macht die Menschen in Hohenlohe aus?

Sie sind tüchtig und demütig. Aber das unterscheidet sie jetzt nicht unbedingt von den Menschen in der Lüneburger Heide oder sonst wo.

Fühlen Sie sich zugehörig?

Ja. Absolut.

Gehört zur Erfolgsgeschichte Würth, dass Sie von hier kommen und immer hiergeblieben sind?

Nicht unbedingt. Wir hätten unsere Lager genauso in Nürnberg oder in Düsseldorf aufschlagen können. Aber hier gab es sehr viele Vorteile. Das war eine glückliche Fügung.

Auf welche Vorteile spielen Sie an?

Hohenlohe war immer ein landwirtschaftlich geprägtes Gebiet, und nachdem nach und nach viele Arbeitskräfte frei wurden, weil die fortschreitende Technik auf den Höfen menschliche Arbeitskraft überflüssig machte, standen uns viele potenzielle Arbeitnehmer zu Verfügung. Diese Leute waren Disziplin gewöhnt, sie konnten schaffen und brachten auch für Industrie und Wirtschaft ein gesundes Arbeitsempfinden mit. Viele unserer

Mitarbeitenden haben bis heute noch etwas Landwirtschaft im Nebenerwerb.

Gibt es auch etwas, das Sie an den Menschen in Hohenlohe stört?

Nein, eigentlich nicht. Ich komme mit den Menschen hier sehr gut aus, da gibt es wenig Disharmonie. Ich glaube, die meisten Menschen hier wissen, dass mir dieser Betrieb nicht in den Schoß gefallen ist, dass ich mich hierfür aufgeopfert habe. Ich denke, auch mein Engagement in Kunst und Kultur wird verstanden als Beitrag für diese Region. Zum Beispiel die Würth-Philharmoniker. Kürzlich hatten wir ein Konzert mit Musikern aus den USA und aus Südafrika. Das hätte so auch in der Carnegie Hall in New York stattfinden können. Das kann man sich kaum schöner vorstellen und es fand hier in der Pampa statt. Ich habe das Gefühl, ich gebe Hohenlohe damit etwas zurück.

Sie sind ein weitgereister, ein weltgewandter Mensch. Wie wichtig ist da die Verwurzelung an einem konkreten Ort?

Ich glaube, jedes Wesen braucht in irgendeiner Form einen Ort zum Ankern. Die Menschen können noch so viele Romane lesen, Reisen machen, fernsehen, Unterhaltungen pflegen und sich bilden. Sie kommen doch immer wieder zurück auf ihre Anfänge. Darauf, wo sie ihre Kindheit verbracht haben. Es ist, als gehöre die Rückschau zum menschlichen Charakter dazu.

Haben Sie eine Erklärung dafür?

Wir sind uns unserer Vergangenheit sicher, die Zukunft können wir nicht antizipieren. Im Vergangenen sind wir fertig. Was war, können wir nicht mehr umschreiben.

Sehen Sie auch Probleme mit dem Heimatbegriff? Rechte Kräfte haben sich dieses Begriffs vermehrt angenommen.

Ich bin da gänzlich unbelastet. Heimat hat für mich nichts mit Deutschtümelei oder Nationalismus zu tun. Heimat ist ein gesunder Ausdruck menschlichen Empfindens und sollte politisch weder in die eine noch in die andere Richtung missbraucht werden.

Was sind Sie: Hohenloher, Deutscher oder Europäer?

Ich bin europäischer Hohenloher.

Das Deutschsein an sich spielt für Sie keine Rolle?

Na gut, dann bin ich deutsch-europäischer Hohenloher.

Haben sich diese Anteile in Ihrem Leben verschoben?

Je mehr Sie über Ihren Geburtsort hinauswachsen, umso mehr bekommen Sie einen Überblick und umso mehr können Sie auch evaluieren. Aber geändert hat sich bei meinem Zugehörigkeitsgefühl nichts. Ich bin viel herumgekommen in der Welt, bin selbst am Steuer um die ganze Welt geflogen, bin in Französisch-Polynesien gelandet mit meinem Flugzeug und auf Hawaii und auch sonst überall. Interessanterweise findet man überall Menschen, die ihre Heimat lieben. Auch unter liberalen Menschen. Europa ist mit Sicherheit wichtiger geworden mit den Jahren, für mich als Geschäftsmann, aber besonders für meinen liberalen Geist.

Wer oder was hat Sie Ihre Liberalität gelehrt?

Zuerst meine Familie, besonders mein Großvater und mein Vater. Später mein eigener Lebensweg. Ich habe immer Respekt gehabt vor anderen Menschen und Meinungen. Ich glaube, es ist integraler Bestandteil der Humanität, dass man jedem Individuum seinen eigenen kleinen Kosmos zugesteht. Wie er oder sie leben will, wie er oder sie denken will. Das einzige Limit ist, dass dabei andere Menschen nicht geschädigt werden sollten.

Sie erwähnen oft die Männer in Ihrer Familie. Was hat Ihnen Ihre Mutter mitgegeben?

Meine Mutter war eine stramme Frau aus Norddeutschland. Sie hat mir Disziplin beigebracht. Meine Mutter hat meinen Bruder und mich über alles geliebt. Wir hätten wohl auch kleine Kinder fressen dürfen und noch immer wäre für sie alles gut gewesen. Ungefähr zehn Jahre lang war ich das einzige Kind, bis mein Bruder Frieder auf die Welt kam. Diese Frau hat uns unglaublich versorgt, es war mir manches Mal sogar ein bisschen zu viel.

Zu viel der Liebe?

In der Schule wurde ich immer wieder verspottet, weil meine Mutter mir immer so schöne Kleider angezogen hat. Sie hat Russenkittel genäht, also blaue Jacken, die mit blau-weißen Bordüren verziert waren. Das war damals noch sehr unbekannt, aber ganz was Feines. So bin ich dann in die Schule geschickt worden und musste mir eben doofe Sprüche anhören.

Erinnern Sie sich an eine bestimmte Lehre Ihrer Mutter?

Meine Mutter sagte immer: Tue recht und scheue niemand! Für mich war sie eine absolute Respektsperson, sie hat alle Gefahren von uns abgehalten. Eine Superfrau. Gerade zum Muttertag war ich wieder an ihrem Grab und habe ein Gebinde abgelegt.

Führte der frühe Verlust des Vaters dazu, dass Sie im Laufe Ihres Lebens nach Vaterfiguren suchten?

Ich glaube nicht, dass ich bewusst nach Vaterfiguren gesucht habe. Aber meine Vorbilder waren jedenfalls überwiegend Männer. Große Figuren wie Nelson Mandela, Theodor Heuss oder Hans Merkle, der frühere Chef von Bosch. Aber ehrlich gesagt hatte ich wenig Zeit im Leben, mich zu fragen, an wem ich mich orientieren könnte. Dazu war ich zu schnell mittendrin.

Was genau imponierte Ihnen beispielsweise an Nelson Mandela?

Er ist für mich die größte Persönlichkeit, die es auf dieser Welt gegeben hat. Mehr als 25 Jahre eingesperrt zu sein, dann Präsident zu werden und sich dann für das ihm angetane Unrecht nicht zu revanchieren, das zeugt von großer Güte.

Wenn Sie es sich wünschen könnten, als was für ein Mensch wollen Sie in Erinnerung bleiben?

Als ein Mensch, der Liberalität und Toleranz gelebt hat. Als jemand, der aber immer auch

Leistung eingefordert hat. Keine Leistung, die an die Substanz geht, aber eine lebensgerechte Leistung. Ich will am Ende meines Lebens für Berechenbarkeit und Ehrlichkeit gestanden habe.

Sie zögern gerade etwas.

Weil mich gerade deshalb nichts so ärgert wie die Tatsache, dass manche Menschen meinen, ich hätte in Steuerfragen vor einigen Jahren irgendetwas bewusst verschleiert.

Ihnen wurde 2008 vorgeworfen, mehrere Millionen Euro Steuergeld veruntreut zu haben. Reinhold Würth, zwischenzeitlich ein vorbestrafter Unternehmer.

Das wird mich bis zu meinem Ende beschäftigen und verfolgen. Ich habe diese Geschichte als sehr unfair empfunden und ich würde es heute auf jeden Fall auf einen Gerichtsprozess ankommen lassen. Ich hätte mich damals nicht auf einen Vergleich einlassen sollen. Aber so wurde ich eben beraten. Immerhin haben die Ermittlungsbehörden festgestellt, dass sich damals niemand von uns bereichert hat.

Hat diese Zeit etwas mit Ihrem Gefühl diesem Land gegenüber gemacht?

Im ersten Moment wollte ich weg aus Deutschland, mein Ruf schien dahin. Ich wäre auch gegangen und habe ja in Österreich ein schönes Anwesen erworben, wohin ich mich verziehen wollte. Wäre meine Frau nicht so verbunden mit Hohenlohe, wir wären heute in Salzburg ansässig. Wir verbringen inzwischen drei bis vier Monate im Jahr in Salzburg, mittlerweile habe ich auch die österreichische Staatsbürgerschaft.

Sie hätten Ihre Heimat verlassen?

Wie ich damals behandelt wurde, hat mich bis in die tiefste Seele hinein geschockt und erschüttert. Aber das sind Tempi passati, es ist lange her.

II

Liebe und Familie

Reinhold Würth ist ein Familienmensch. Stolzer Vater dreier Kinder, ebenso stolzer Großvater und Urgroßvater. Patriarch, Oberhaupt des Familienunternehmens. Wenn Reinhold Würth über Menschen spricht, die er liebt, hört man das oft. Er sagt: »Meine liebe Frau«, »meine liebe Tochter«.

Wie wichtig ihm der Familienverbund ist, wird auch dadurch deutlich, dass Reinhold Würth von Reibungspunkten erzählt, wenn man ihn zum Nachwuchs befragt. Er spricht in diesem Kapitel darüber, was seine Generation ausmacht und was den jüngeren Generationen fehlt. Er schafft das ohne großväterliches Lamento und die Phrasen von der längst vergangenen guten alten Zeit. Würth spricht mit Anerkennung und Zuneigung über seinen Familienverbund. Wie in jeder Familie gehören dazu auch Schicksalsschläge und Herausforderungen.

Wie eng Familie und Unternehmen im Hause Würth miteinander verzahnt sind, zeigt sich daran, dass man auch mit Fragen an den Vater Reinhold Würth zu Kindern, Erziehung und Sorgen schnell wieder den Unternehmer sprechen hört.

Seiner Frau Carmen gehören die wärmsten Worte dieses Kapitels. Zu Beginn unseres Gesprächs lässt er mich wissen, dass er gerade noch mit ihr telefoniert und sich ihrer Liebe vergewissert habe. Wie jeden Tag. Auch nach 67 Jahren Ehe.

Was bedeutet Familie?

Familie ist die engste Verbindung, die Menschen überhaupt knüpfen können. Man kann über Zeit und Kontinente getrennt sein und doch schnell wieder zusammenfinden, das kann nur Familie.

Welchen Stellenwert nimmt die Familie in Ihrem Leben ein?

Ich hatte aufgrund der vielen Arbeit nicht die Chance, mir einen großen Freundeskreis aufzubauen. Die Familie war für mich automatisch der wichtigste Anknüpfungspunkt im Leben.

Welche Momente mit Ihrer Familie genießen Sie besonders?
Gibt es etwas, das Ihnen heilig ist?

Ach, von heiligen Momenten würde ich nicht sprechen, jede Familie hat so ihre Macken. Ich pflege gerne die Traditionen. Wir hatten erst am vorletzten Wochenende unseren diesjährigen Familientag, zu dem wir uns in meinem Anwesen in Salzburg getroffen haben. Alle waren da, Kinder, Enkelkinder, Urenkel. Eine schöne Batterie von Leuten.

Was gibt es für Familientraditionen?

Ich habe die Angewohnheit, bei solchen Anlässen immer kleine Ansprachen zu halten, und meine älteste Tochter Marion sagt mir immer schon Monate vorher: Wenn du dann anfängst, deine Rede zu halten, dann rollen alle nur die Augen. Aber das ist mir egal, sie hören brav zu. Und auch ich habe bei Familientreffen immer etwas zum Schmunzeln.

Worüber haben Sie zuletzt schmunzeln müssen?

Wenn ich mich der Jugend anschließe und höre, wie anders die das Leben sehen, wie unterschiedlich meine Jugend, mein Aufwachsen zu dem von heute war, da schmunzele ich manchmal.

Fühlen Sie sich in solchen Momenten erfahren oder von gestern?

Das ist für mich einfach ein unterschiedlicher Erlebnishorizont. Die Jüngeren leben ein anderes Leben.

Wären Sie gerne noch mal jung?

Nein. Ich bin dankbar für mein Leben und weiß, dass nicht mehr viel zu erwarten ist. Das ist in Ordnung für mich. Aber solange es Freude macht, zu leben, lebe ich natürlich gerne. Ich bin auf dem hinteren Teil des Lebenslineals angekommen. Millionen von Menschen haben das so erlebt. Das ist die Gerechtigkeit des Lebens.

Wovon handelte Ihre letzte kleine Rede vor der Familie?

Davon, dass die Familie gepflegt werden muss, bis in die Öffentlichkeit hinein. Man sollte der Familie keine Schande machen und sich immer in Bescheidenheit üben. Und vor allem: um Himmels Willen nicht arrogant sein und sich als etwas Besseres fühlen. In der Schule ist bekannt, wo unsere Sprösslinge hingehören. Man muss sie deshalb früh erinnern, dass sie auf dem Boden bleiben sollen.

Die Verlockung muss groß sein, mit dem reichen Opa anzugeben.

Ihre Stellung ist vom Grundprinzip her wie ein süßes Gift. Ob sie wollen oder nicht, sie erfahren hier und da wegen ihres Namens eine Sonderbehandlung gegenüber Gleichaltrigen. Dennoch bescheiden und anständig zu bleiben, das bedarf der Lenkung und Ausbildung für unsere jungen Familienmitglieder.

War da auch mal die Sorge, dass sich der Nachwuchs einfach auf Ihrem Erfolg ausruhen könnte?

Das hätte ich frühzeitig unterbunden, aber der Familiennachwuchs ist glücklicherweise wohlgeraten und macht mir diesbezüglich keine Sorgen. Meine Hauptaufgabe ist die

Bekämpfung von Arroganz. Ich glaube, ich bin darin nicht ganz erfolglos.

Was genau steckt hinter dem Wunsch, nicht als arrogant wahrgenommen werden zu wollen?

Man muss auf Machtzugewinn, auf Wohlstand charakterlich eingestellt sein. Die Gefahr ist immer, dass ich abhebe wie ein mit Gas gefüllter Ballon und auf andere Menschen hinabgucke. Dabei ist gerade im Verkäuferberuf nichts so wichtig wie Augenhöhe und ein ordentlicher Handschlag.

Macht es eigentlich noch etwas mit Ihnen, dass Sie Ihren Familiennamen in nahezu jedem Land auf der Welt lesen können? An Firmenhallen, auf Werbebanden, auf Sportkleidung.

Ich bin stolz darauf, keine Frage. Es wäre etwas nicht in Ordnung, wenn ich keine Freude daran hätte. Aber auch das ist kein Anlass für Hochmut.

War es mit entsprechendem Wohlstand schwieriger, den Nachwuchs zu Sparsamkeit zu erziehen?

Natürlich! Ich habe ein Schiff und ein Flugzeug, davon machen die Kinder und Enkel natürlich

Gebrauch. Es liegt in der Natur der Dinge, dass die späteren Generationen einen ganz anderen Bezug zum Geld haben und sich vieles überhaupt nicht vorstellen können.

Haben Sie ein Beispiel?

Wenn ich früher auf Reisen gefahren bin, habe ich für zwei, drei Tage Brot fürs Mittagessen mitgenommen, um das Geld für Restaurants zu sparen. Ich habe den Motor des Autos ausgemacht, wenn es bergab ging, um Benzin zu sparen. Da schütteln die Jüngeren heute nur den Kopf und sagen, Reinhold, du spinnst.

Sie nennen Sie Reinhold?

Ja, die sagen nicht mal mehr Opa zu mir!

**Würden Sie sagen,
Sie stehen Ihren Kindern nahe?**

Wir sind viel zusammen, meine Tochter Marion lebt im Haus nebenan, meine Tochter Bettina drei Häuser weiter. Auch meinen Sohn sehe ich regelmäßig. Während der Urlaubszeit sind wir alle viel zusammen auf unserem Boot. Dort sind wir oft vier Wochen beieinander, natürlich mit Unterbrechungen, wenn jemand für Arbeitstermine nach Hause fliegen muss. Aber insgesamt ist Urlaubszeit Familienzeit.

Haben Sie sich denn immer drei Kinder gewünscht?

Ich habe schon immer gedacht, drei Kinder wären eine gute Zahl. Wenn ich Erzählungen meiner Frau höre, dass ihre Großeltern zwölf Kinder hatten, bin ich ganz froh, dass diese Zeiten vorbei sind.

Als was für eine Art Vater würden Sie sich bezeichnen?

Es ist schwierig, das selbst zu beantworten. Ich bin in Erziehungsfragen in der Regel meiner Frau gefolgt, wenngleich ich mir manches Mal gewünscht hätte, sie wäre ein bisschen strenger aufgetreten. Aber es ist klug, diese Frau machen zu lassen, und es hat sich gelohnt.

Ihre Tochter Bettina verglich Sie einmal mit Zeus, dem obersten und mächtigsten Gott der griechischen Mythologie.

Sie meinte damit hoffentlich, dass sie mich gerne in ihrer Nähe hat, weil ich nützlich bin.

Welchen Nutzen würden Sie sich selbst zuschreiben?

Ich glaube, dass ich der Familie einen gewissen Schutzschild biete.

Woran machen Sie das fest?

Wenn irgendjemand ein Problem hat, kann er jederzeit zu mir kommen. Und ich beobachte natürlich, was die Enkel und später dann die Urenkel machen. Ich meine, ich freue mich über die Fortschritte, die die Herrschaften machen. Die Jungen, also die Enkel, sind auf einem guten Weg. Alle drei, die infrage kommen, also Benjamin, Sebastian und Maria, sind ja in der Firma tätig und machen gute Fortschritte. Das macht mir Freude. Natürlich fordere ich die auch ein bisschen aus dem Hintergrund, ganz logisch, weil wir ja ein Familienunternehmen sind und das auch bleiben wollen.

Wie lernt man das eigentlich, Familie und Arbeit zu verbinden?

Mein Vorbild war immer die Familie Agnelli und ihr Fiat-Konzern in Italien. An der Spitze stand immer ein Mitglied der Agnelli. So stelle ich mir das auch für uns vor: An der Spitze soll eine oder ein Würth bleiben. Die Fundamente dafür sind gelegt. Aber all das hätte nicht funktioniert, wenn meine Frau mir nicht den Rücken freigehalten hätte.

Sind Sie stolz auf Ihren Nachwuchs?

Ich erfreue mich daran, dass sie alle eine gute Ausbildung genossen haben und meine

Interessen zu großen Teilen auch ihre sind. Sogar die Kunst wird durch meine Enkelin Maria in Zukunft gepflegt werden, sie könnte einmal die Leitung der Kulturabteilung übernehmen.

Welche Schwierigkeiten bringt es mit sich, Privates und Geschäftliches zu verbinden?

Ich sehe da eigentlich keine ernsthaften Schwierigkeiten. Wir sprechen viel, aber nicht pausenlos über das Geschäft. Es ist bei uns ein wenig wie bei Fußballanhängern: Immer wieder kommt eben der Lieblingsverein, die Bundesliga, die FIFA oder weiß der Teufel was aufs Tapet.

Hören Sie mehr zu oder sprechen Sie mehr in diesen Momenten?

Beides gleichermaßen. Natürlich bringe ich meine Berufserfahrung ein, aber mich interessiert auch der Blick der jungen Leute. Ich freue mich, wenn es am Ende konsensuale Gespräche sind.

Wie ist die Beziehung zu Ihrem Bruder?

Früher waren die zehn Jahre Altersunterschied spürbar. Als ich meine Lehre begonnen habe, war er gerade vier Jahre alt. Wir konnten nie miteinander spielen. Nach dem Tod unseres Vaters habe ich eine Art Vaterposition für

Frieder übernommen. Wir haben heute eine gute Verbindung und sagen uns, dass wir uns lieben. Wir sehen uns zwei-, dreimal im Jahr. Er hat auch seine Familie und seine Enkel, ein eigenes Leben.

Von Ihnen ist bekannt, dass Sie seit rund 60 Jahren Tagebuch schreiben. Für wen machen Sie das?

In erster Linie für mich, es hilft mir beim Verarbeiten und Abschließen meiner Tage. Aber auch als Dokument meines Daseins. Sie kennen sicher den Spruch: Wer schreibt, der bleibt. Es kann sicher nicht schaden, wenn dokumentiert ist, was ich so gemacht habe.

Schreiben Sie auch für Ihre Nachkommen?

Was ich schreibe, ist sicherlich auch für die eigene Familie interessant. Meine Aufzeichnungen sind aber nicht zuletzt ein Zeugnis deutscher Wirtschaftsgeschichte und ein persönlicher Einblick in ein traditionsreiches Unternehmen.

Was soll mit den Aufzeichnungen einmal geschehen?

Was daraus später einmal wird, das kann ich nicht beeinflussen. Ich werde eine Sperrfrist von vielleicht 15 bis 20 Jahren einziehen, bevor sie veröffentlicht werden dürfen. Vielleicht findet sich dann jemand für eine Doktorarbeit über mein Leben.

Kommt in Ihren Tagebüchern denn auch Ihre Familie vor?

Die Geburten meiner Kinder natürlich. Wenngleich ich nie dabei war. Das habe ich mich nicht getraut. Ich saß immer vor dem Krankenhaus auf einer Bank und habe gewartet, bis es so weit war. Da war ich vielleicht ein Feigling. Heute sind Väter anders. Zum Beispiel ist der Ehemann meiner Enkeltochter Maria bei den Geburten dabei gewesen. Für seinen Mut bewundere ich ihn.

Welche Unterschiede fallen Ihnen zwischen Ihrer und den heutigen Generationen besonders auf?

Für junge Menschen ist es heute typisch, nur noch die kommenden Jahre in den Blick zu nehmen, die unmittelbare Zukunft, wenn überhaupt. Niemand denkt an die gesamte Lebenszeit. Das scheint mir typisch zu sein für jüngere Generationen.

Was kritisieren Sie daran?

Es führt in meinen Augen zu einer Kultur der Oberflächlichkeit, weil es Haltungsfragen ausklammert und Verhalten nur situativ entschieden wird. Statt Schiller und Goethe zu lesen, dreht sich heute alles um Events. Junge Leute haben offenbar ein Problem mit Tiefgang.

Gibt es auch etwas, das Sie an den jüngeren Generationen bewundern?

Es ist natürlich ein einfaches, ein leichtes Leben, das Jüngere heute führen. Das geht so oberflächlich dahin. Man geht aufs Oktoberfest und versetzt sich artifiziell in Hochstimmung. Von Drogen will ich gar nicht anfangen. Man will inzwischen die einfachen Drogen sogar legalisieren. Ich verstehe all das nicht.

Haben Sie nie Drogen probiert?

Ich kann mit gutem Gewissen sagen, ich habe nie Drogen genommen. Obwohl – bei einer Operation wurde mir vermutlich irgendein Lachgas verabreicht, ich fühlte mich zumindest ziemlich high. Ein super Gefühl.

**Sie gelten als Patriarch.
Das ist ein Begriff, der in der heutigen Zeit angestaubt wirkt und den nicht wenige Menschen für überholt halten.
Was denken Sie darüber?**

Ich finde, auch heute hat der Patriarch etwas zu sagen. Er ist doch der Angelpunkt der Familie, und für ein Menschenleben ist es gut, wenn man jemanden in seiner Umgebung hat, den man als Vorbild ansehen kann.

Das könnten auch Matriarchate sein.

Natürlich, es gibt zu viele Patriarchate und zu wenig Matriarchate. Denken wir an die verstorbene Queen Elisabeth II. Mit ihr starb auch eine sehr mächtige Matriarchin. Wie sie nach 70 Jahren als Königin bejubelt wurde, zeigt, dass sich Menschen an ihr orientiert haben. Sie war ein Vorbild an Pflichterfüllung und Geradlinigkeit. Das gibt anderen Menschen einen gewissen Halt und die Möglichkeit, die eigenen Stärken zu entwickeln.

Das Motto Ihres Vaters war:
Nichts gesagt ist genug gelobt.
War das auch Ihre Erziehungsmethode?

Mein Vater hat mich nie gelobt, auch nicht, wenn ich in jungen Jahren Aufträge nach Hause gebracht habe, aber meine Mutter hat mir später berichtet, dass er mit ihr über mich gesprochen hat und voll des Lobes war. Ich habe schon damals gemerkt, wie viel mir das bedeutet, und ich habe es mir zum Vorsatz gemacht, Menschen gegenüber meine Anerkennung immer auszusprechen. Ich sage es, wenn ich Respekt vor einer Leistung habe.

Wie haben Sie eigentlich
Ihre Frau kennengelernt?

Ich war in Friedrichshafen auf Geschäftsreise und musste weiter nach Berlin. Ich wartete auf einen Kollegen, den ich mitnehmen wollte. Wie sich herausstellte, war er bereits mit der Eisenbahn weitergefahren und ich hatte unverhofft Zeit. Also ging ich vor Ort in eine Kirche, in den Gottesdienst am Mittwochabend. Und da ist mir dieses Mädchen aufgefallen.

Wissen Sie noch, was Ihnen auffiel?

Das war verrückt. Zuerst hörte ich ihre Schritte auf dem Steinboden der Kirche. Und dann kam da eine Schwarzhaarige mit einer knallgelben Strickjacke und hat sich in den Chor gesetzt. Von dem Gottesdienst habe ich nichts mitbekommen.

Haben Sie die Frau direkt angesprochen?

Nein. Später habe ich einen Bekannten angeschrieben, dass ich in der neuapostolischen Kirche im Ort ein Mädchen gesehen hätte und er doch mal versuchen solle, ihren Namen herauszufinden. Und ob sie schon einen Freund hat. Die Antwort war, dass von einem Freund nichts bekannt sei, also bin ich wieder hingefahren. Es hat wie ein Blitz bei uns eingeschlagen und wir haben uns verliebt. Ein halbes Jahr später waren wir verheiratet. Inzwischen liegen 67 Jahre Ehe hinter meiner lieben Frau und mir. Es ist eine schöne Gnade, wenn man so lange zusammen sein kann.

Was ist das Erfolgsrezept von 67 Jahren Ehe?

Zu vermeiden, Fehlleistungen nachzutragen. Man kann sich bis ins hinterletzte Detail verstreiten, wenn man nur bereit ist, sich am nächsten Morgen wieder zu vertragen.

Sie sind bis heute viel unterwegs. Rufen Sie Ihre Frau regelmäßig an?

Wir telefonieren jeden Tag und versichern uns unserer Liebe. Mit den heutigen Handys geht das sogar mehr als einmal pro Tag.

Verändert sich die Liebe über eine so lange Zeit?

Vom Grundsatz her gar nicht. Der Sturm und Drang der Jugendzeit ist vorbei, die Liebe wird gediegen, sie ist tiefgängig und schön. Das gibt große Sicherheit und macht Freude. Diese Nähe zwischen uns, die Sprache, die man als Liebespaar miteinander spricht. Die Stunden, die man gemeinsam verbringt. Selbst wenn man manchmal bloß vor dem Fernseher sitzt und sich an den Händen hält. Das sind schöne Augenblicke.

Was verdanken Sie Ihrer Frau?

Sehr viel. Sie hat mir den Rücken freigehalten, ich konnte ihr die Familie überlassen und mich dem Aufbau der Firma widmen. Die Hälfte des heutigen Erfolgs verdanke ich meiner Frau, weil sie so großzügig war, mir diese Zeit zur Verfügung zu stellen.

Von ihr ist der scherzhafte Ausspruch zu lesen, Sie hätten anstatt eines Herzens eine Kartoffel, anstatt eines Magens ein Fass und anstatt der Haut eine Rinde. Ist da etwas dran?

Im Großen und Ganzen ist da vielleicht schon etwas dran. Aber meine Frau weiß ganz genau, dass ich kein Kartoffelherz habe.

Sind Sie einander ähnlich?

Wenn man so lange zusammen ist, ähnelt man sich irgendwann im Wesen, in der Struktur des Denkens. Man sagt auch, dass sich Paare mit der Zeit äußerlich ähneln, das würde ich in unserem Fall verneinen. Aber wir kennen uns gut und verstehen uns blendend.

Hatten Sie eigentlich den Wunsch, Ihr Unternehmen einmal Ihrem Sohn übergeben zu können?

Selbstverständlich war das mein Wunsch. Aber als wir merkten, dass er durch seine Behinderung kein normales Leben führen kann, war das früh vom Tisch. Er hat schon mit drei, vier

Jahren nicht gesprochen, so bemerkten wir den Sprachschaden im Gehirn. Das konnte auch die beste Behandlung nicht ändern. Wir waren selbst bei Experten in Baltimore, viele Wochen im Jahr. Es war nicht zu ändern.

War seine Behinderung eine Herausforderung für die Familie?

Wir haben das so angenommen. Es war alles eher eine schleichende Sache, nicht ein einziger Moment, an den ich mich genau erinnern könnte. Ich weiß, dass wir immer wieder Hoffnung auf Besserung hatten. Irgendwann mussten wir einsehen, dass seine Behinderung bleiben wird. Ab diesem Moment haben wir versucht, das Beste für ihn zu tun. Er sollte auch ein gutes Leben haben.

2015 wurde Ihr Sohn entführt, um Lösegeld mit ihm zu erpressen. Wie schnell wurden Sie diesen Schrecken wieder los als Familie?

Das war sehr schwierig für uns. In diesem Moment denkt man nur daran, das eigene Kind zu retten. Wir konnten nicht schlafen in dieser Zeit. Wir wollten Markus unbedingt wiedersehen. Die Zusammenarbeit mit der Polizei lief gut ab. In unserem Haus wurde eine Art Informationszentrale aufgebaut, die Ermittlungen liefen dort zusammen, bis wir ihn schließlich unversehrt gefunden haben in der Nähe von Würzburg.

Ausgezogen ist Markus erst als erwachsener Mann. War es Ihnen ein Anliegen, ihn möglichst lange bei sich zu haben?

Ja, er war lange bei uns, meine Frau hat sich 20 Jahre lang um unseren Sohn gekümmert. Auch heute haben wir einen guten Kontakt. Bei Familientagen ist er natürlich dabei. Aber irgendwann war auch die Abnabelung wichtig, weil wir nicht mehr allzu lange leben und die Integration in einen neuen Lebenskreis genauso wichtig ist wie die eigene Familie.

Gab es denn Momente, in denen Sie sich geärgert haben, im Leben wenig Zeit für die Familie gehabt zu haben?

Ach, ab und zu schon. Aber das sind keine Fragen, die mich quälen. Manches ist einfach anders verlaufen. Ich meine, ich habe eine große Bibliothek und hätte noch so viel zum Lesen. Ich lese gern, komme aber leider viel zu wenig dazu. Wenn ich abwäge, empfinde ich trotz der vielen Arbeit das Gefühl eines erfüllten Lebens.

III

Sinn und Leben

Fragt man Menschen nach dem Sinn des Lebens, winken die meisten ab. Zu groß, zu weit, zu abgehoben sei es, zu denken, es gäbe auf diese Frage eine Antwort, gar eine einfache. Der Sinn des Lebens mag ein Mythos sein, philosophischer Gedankensport. Oder er ist Opfer der falschen, einseitigen Fragen.

Ich wollte von Reinhold Würth wissen, was ein Leben zu einem guten Leben macht. Was ihm Halt gibt und was ihn hadern lässt. Was er im Leben über die Menschen gelernt hat und was über das Leben an sich. Wir drehten meinem Eindruck nach Kreise um den Sinn des Lebens. Eine Antwort hat auch Reinhold Würth nicht. Zumindest keine, die andere Menschen kritiklos als ihre Antwort gelten lassen würden.

Herausgekommen ist in unserem Fall ein Einblick in ein interessantes Dreigestirn im Leben von Reinhold Würth: Sinn, Pflicht und Verantwortung. Zwischen diesen Säulen lebt Würth. Für sie lebt er.

Auch das Gespräch zu diesem Kapitel nahm zu Beginn einen Anlauf, der sich durch viele unsere Gespräche zog: Wer bin ich, dass ich zu solch großen Fragen reden soll? Reinhold Würth sträubte sich anfangs zuverlässig gegen Meta-Themen. Jedes Mal. Um dann doch Gefallen zu finden am Denken und Reden jenseits der Unternehmensstatistiken und Zahlenspiele.

Was macht ein Leben zu einem guten Leben?

Ich glaube, es ist wichtig, mit sich selbst im Reinen zu sein. Mit dem, was man tut. Mit dem, was man lebt. Damit muss man zufrieden sein.

Was verbinden Sie mit einem erfüllten Leben?

Ein Leben, das nicht umsonst war, das nicht vergebens gelebt wurde, sondern Spuren hinterlässt. Dann ist es eine schöne Sache.

Was gibt Ihnen Halt im Leben?

Die Pflicht.

Die Pflicht wozu?

Obwohl ich nicht mehr im Tagesgeschäft bin, spüre ich die Verantwortung für die mehr als 80.000 Arbeitsplätze im Unternehmen. Das mag im Maßstab der Weltwirtschaft vielleicht nicht viel sein, aber jeder Ozean ist aus einzelnen Tränen zusammengesetzt. Selbst wenn ich mal keine Lust habe, aus dem Bett aufzustehen, spüre ich die Verantwortung für diese Menschen und dass ich jeden Tag etwas tun muss.

Dieses Verantwortungsbewusstsein, ist das Ihr größter Antrieb zur Arbeit?

In gewisser Weise ja. Ich fühle mich verantwortlich für unsere Mitarbeitenden. Die Weltlage macht mir nicht nur für mich persönlich große Sorgen, sondern auch für meine Mitarbeitenden. Was heißt das für ihre Rente, für die Umwelt um sie herum? Als Chef tragen Sie auch einen Teil dazu bei, dass Menschen Sicherheit in ihrem Leben haben.

Hat sich diese Verantwortung für so viele Menschen auch mal wie eine Last angefühlt?

Last ist nicht das richtige Wort, weil ich es nicht anders wollte und will. Aber diese Verantwortung nimmt in besonderen Zeiten eben besonders viel Aufmerksamkeit in Anspruch. Man darf nicht vergessen, dass an mehr als 80.000 Mitarbeitenden noch zwei, drei Menschen, eine Familie, dranhängen. Also kommen Sie schnell auf 250.000 Menschen, die abhängig sind von unseren Betrieben. Hinzu kommen unsere Lieferanten, Produzenten und nicht zuletzt die Kunden.

Das klingt wie eine Last.

Es hat ein gewisses Lastpotenzial, das mein Leben sehr geprägt hat. Aber das gilt mit

Sicherheit für alle Arbeitgeber und Menschen mit Personalverantwortung. Ich kann nicht einfach die Tür zuschließen und die Welt übers Wochenende vergessen. Alles begleitet mich immer.

Werden Freundschaften mit zunehmendem Alter wichtiger?

Also in meinem Fall kann ich das nicht sagen. Ich habe mehr Freizeit als früher, aber die verbringe ich am liebsten mit meiner Frau.

Mussten Sie Freizeit lernen?

Freizeit ist wahrscheinlich der falsche Begriff, weil ich selbst im Urlaub ein Minimum arbeite, ob Sie es glauben oder nicht. Ich habe von meinem Tagesablauf her wenig Unterschied zu daheim, weil wir ja auch auf dem Boot komplett vernetzt sind. Also machen wir viele Videokonferenzen, bei denen ich vom Boot aus dabei bin. Ich sende meine Briefe, bekomme meine Post und diktiere.

Klingt nicht nach Urlaub.

Ich will es nicht übertreiben, aber ich arbeite durchschnittlich schon zwei, drei Stunden am Tag auf dem Boot, auch im Urlaub. An Bord habe ich ein Büro und in Künzelsau meine Sekretärinnen. Das funktioniert alles problemlos und wunderbar. Ob von Australien oder von Grönland aus. Das Internet ist überall verfügbar. Arbeit ist also immer möglich.

Sie sind großgeworden in Zeiten des Mangels. Später konnten Sie sich schöne Dinge leisten. Mussten Sie lernen, gnädig mit sich zu werden?

So tief habe ich darüber ehrlich gesagt nie nachgedacht. Der einzige Luxus, den ich mir leiste, ist meine Yacht, die *Vibrant Curiosity*. Andere investieren in Aktien oder in Wälder in Rumänien oder in sonst was. Ich habe mir eben dieses Boot bauen lassen und habe zwei Mal im Jahr immerhin sechs Wochen Zeit, mir fremde Länder anzusehen, es mir auf hoher See gemütlich zu machen mit der Familie.

Ein großes Privileg.

Ein riesiges Privileg! Wir sehen manchmal die großen Ozeandampfer unterwegs, wir fahren ja oft dieselben Routen. Auch auf den riesigen Schiffen liegen die Menschen auf ihren Liegestühlen oder schwimmen im Swimmingpool an Bord. So viel Unterschied ist da also nicht. Nur dass bei uns zwanzig und nicht Tausende Menschen an Bord sind.

Sie sind in Ihrem Berufsleben unzähligen Personen begegnet. Was mögen Sie an Menschen?

Ich möchte mich auf Menschen verlassen können. Berechenbarkeit und Bescheidenheit gefallen mir sehr gut. Und auch eine gewisse Kompetenz. Ich mag es, aus anderen Arbeits- oder Lebensbereichen zu erfahren.
Ich mag es, wenn Menschen mir Bücher empfehlen können. Gute Gespräche müssen möglich sein. Am Ende landet man meist beim Kosmos und der Unendlichkeit des Weltalls, also der großen Frage: Wo kommen wir her, wo gehen wir hin? Ich mag diese Themen sehr, weil sie über uns hinausweisen, unsere bloße Existenz übertreffen.

Was ist für Sie persönlich der Sinn des Lebens?

Zu dieser Frage gibt es ganze philosophische Abhandlungen. Wie soll ich das beantworten? Ich würde es mit jenen Menschen halten, die als ihren Sinn des Lebens einen Beitrag zur Weiterentwicklung der Gesellschaft bezeichnen. Denken Sie an Forschende, an Medizinerinnen und Mediziner, an die großen Komponisten. Oder die bildende Kunst. Diese Menschen haben etwas Gewaltiges geschaffen, das die Seelen der Menschen bis heute bewegt. Es beeinflusst Menschen und ihren Blick auf die Welt. Viele große Dinge sind aus Haltung, Mut und Neugier entstanden.

Was heißt das konkret für Ihre Antwort auf die Frage nach dem Sinn des Lebens?

Zum einen möchte ich diese Kunst bewahren und fördern. Zum anderen möchte ich wie diese großen Künstler dazu beitragen, menschliches Leben angenehmer zu machen. Eben auf meine Art, durch sichere Arbeitsplätze. Das mag im Vergleich profan klingen, nicht sexy, aber das ist mein Beitrag für ein geordnetes Zusammenleben.

Für Sie scheint der persönliche Sinn des Lebens eng mit Ihrer Tätigkeit als Unternehmer verbunden zu sein.

Ich meine, über dieses Thema könnten wir natürlich einen ganzen Monat diskutieren. Wo kommen die Menschen her? Wo gehen sie hin? Was macht uns aus? Ich bin ein Christ durch und durch, für mich gibt es im Grunde die Gottesfrage nicht. Für mich ist selbstverständlich, dass alles Leben auf Erden von einem Gott geschaffen wurde. Egal, wie welche Religion diese finale Institution für sich bezeichnet, Gott ist Gott und Gott ist der Schöpfer aller Dinge auf Erden und darüber hinaus.

Darüber hinaus?

Bei diesen vielen Milliarden Himmelskörpern, die sich in unserem Universum bewegen, gehe ich davon aus, dass es Zehntausende anderer Zivilisationen geben muss. Ich kann mir nicht vorstellen, dass wir unter dem alles umspannenden Himmelszelt die einzigen Lebewesen sind, die sich selbst reflektieren können. Das Problem ist nur die große Distanz, die uns Zivilisationen voneinander trennt. Aber auch dafür werden sich sicherlich noch Lösungen finden.

Von Ihnen ist der Satz zu lesen, dass Ihre Universität das Leben gewesen sei. Was ist die größte Lehre, die Sie das Leben gelehrt hat?

Dass wir im Kontext des Kosmos absolut unwichtig sind. Verglichen mit der Größe des Allumspannenden ist unser Sein auf der Erde verdammt kurz und irrelevant. Eigentlich sind wir Menschen nicht der Rede wert.

Sie haben aus einem kleinen Familienunternehmen einen Weltkonzern aufgebaut. Nicht gerade unbedeutend.

Wenn wir irdische Maßstäbe anlegen, habe ich viel erreicht. Aber auf die kommt es am Ende des Lebens nicht an. Das Schicksal hobelt alle gleich.

Was haben Sie denn in Ihrem Beruf über die Menschen gelernt?

Dass sehr viele unterschiedliche Individuen auf Gottes Erdboden herumlaufen. Da finden Sie wirklich alles. Die Normalen, die Verrückten und jene, die meinen, sie hätten die Weisheit mit Löffeln gefressen. Ich sage ja, der schönste Beruf auf der Welt ist der Verkäuferberuf. Und zwar deshalb, weil Sie eben mit all diesen Individuen in Kontakt kommen und sich im Lauf der Jahre ein ganz feines Sensorium aneignen, um das Gegenüber schnell einschätzen zu können. Emotionen und Charaktereigenschaften spielen eine große Rolle im Verkäuferberuf. Das können Computer nicht lernen und niemals ersetzen.

Also ist das Verkaufen ein Handwerk, keine Kunst?

Definitiv ein Handwerk. Nur für den Karrieristen ist das Verkaufen eine Kunst. Produkte zu verkaufen ist wahrlich kein Hexenwerk, aber der Charakter ist entscheidend. Wer seine Kunden gut behandelt, schafft etwas, das über das Computergesteuerte hinausgeht.

Wann im Leben haben Sie Ihren Sinn für Kunst und Malerei entdeckt?

Wir haben in der Familie immer schon eine gewisse Affinität zu den schönen Künsten und diese auch gepflegt. Ich erinnere mich beispielsweise an eine Geschäftsreise nach Wien

1944, da war ich neun Jahre alt und habe mit meinen Eltern schöne Museen besucht. Meine Eltern waren eben auch recht interessiert daran und haben viel gelesen. Das habe ich fortgeführt und bin dann mehr und mehr in der bildenden Kunst hängen geblieben. Und so ist halt alles geworden.

Was macht Kunst für Sie aus?

Dass sie erhalten werden muss für nachfolgende Generationen. Ihr Wert ist nicht zu bemessen und sagt uns viel über uns selbst. Meine Sammlung ist deshalb auch nicht spezialisiert, sondern soll einen weiten Querschnitt durch die Kunstgeschichte der letzten 200 Jahre darstellen. Ich betrachte das Kunstsammeln und Ausstellen eigentlich als einen kleinen Beitrag zur Geschichtsschreibung. Ich möchte, dass die Kunst erhalten bleibt und damit auch ein Teil unserer Vergangenheit sichtbar ist.

Macht Wohlstand etwas mit dem Blick auf das Leben? Verändert sich mit dem Geld die Antwort auf die Frage nach dem Sinn des Lebens?

Meine Frau und ich leben eigentlich ein sehr bodenständiges Leben. Heute Mittag gibt es bei uns Kirschenmichel, ein simples Gericht.

Also nein?

Es ist schon ein gutes Gefühl, zu wissen, dass man eine Altersversorgung hat, die wahrlich ausreicht. Aber nicht alles wird durch Wohlstand leichter.

Was ist denn im Leben nicht leichter geworden durch Geld und Wohlstand?

Das Einschlafen. Ich habe viele Male in meinem Leben die Augen nicht zubekommen, weil wir als Unternehmen vor Herausforderungen standen. So geht es mir bis heute.

Bereuen Sie etwas im Leben?

Nein, ich bereue nichts.

So muss ein glücklicher Mensch klingen.

Ich bin zufrieden. Ich bin im Reinen mit mir. Ich glaube, ich habe keine Feinde. Das ist doch ein schönes Ergebnis eines langen Lebens.

IV

Glaube und Zweifel

Der Philosoph Hans Jonas schreibt in Das Prinzip Verantwortung, *dass wir eine Verpflichtung gegenüber dem haben, was noch gar nicht ist und an sich auch nicht zu sein braucht. Das zu glauben, so Jonas weiter, sei vielleicht ohne Religion überhaupt nicht zu begründen.*

Reinhold Würth hat aus seinem Glauben, seinem Christsein, seiner Zugehörigkeit zur neuapostolischen Kirche in der Öffentlichkeit nie einen Hehl gemacht. Eine gewisse Besonderheit, wird es doch immer seltener, dass sich Menschen aktiv und offensiv zu ihrem Glauben an Gott bekennen, und haftet den Kirchen doch nach Jahren der Gewöhnung an Gewaltexzesse im Namen der Religion und Gewaltverbrechen innerhalb der Kirchen ein verlässlich schlechter Ruf an. Selbst wenn der Mensch regelmäßigen Erhebungen zufolge heute nicht weniger empfänglich für Religion und Spirituelles ist, so hat sich der Glaube von Personen des öffentlichen Lebens doch in eine Art Taschenglauben verkehrt. Man holt ihn heraus, wenn er einem nutzt, aber man weiß ihn ebenso gut einzupacken und zu verstecken.

Das erste Interview, das mir Reinhold Würth gegeben hat, drehte sich um Fragen nach Gott, nach Glaube und Zweifeln. Würths Körperhaltung schien sich bei diesem Thema zu entspannen, sein Blick wanderte nach oben, seine Hände legte er gefaltet vor sich auf den Tisch.

**Sie bezeichnen sich als Christ.
Wie praktizieren Sie Ihren Glauben?**

Ich muss gestehen, ich bin mit dem Alter ein bisschen nachlässiger geworden, obwohl es eigentlich genau umgekehrt sein sollte. Aber das Ausschlafen am Sonntag ist eben auch eine schöne Sache. Ich muss nicht in die Kirche gehen, um gläubig zu sein. Meine Frau und ich beten hin und wieder. Wir benehmen uns wie eine christliche Familie, so gut es geht.

Wie benimmt sich eine christliche Familie in Ihren Augen?

Das heißt in erster Linie, wenn geheiratet wird, wird Gottes Segen erbeten und Sterbefälle in der Familie werden selbstverständlich von einem Pfarrer begleitet.

Spielte die Bibel eine Rolle für Ihr berufliches Leben?

Für meine Lebensauffassung ist die Bibel sehr wichtig, weniger für mein geschäftliches Denken. Da kommt mir eher Max Weber mit seiner protestantischen Ethik in den Sinn: Tüchtigkeit, Pflicht, Verantwortungsbereitschaft.

Haben Schicksalsschläge Ihren Glauben ins Wanken gebracht?

Meine Frau hat mit vier Jahren ihren Bruder verloren. Wir haben unsere Enkeltochter Anne-Sophie durch einen Autounfall verloren. Das waren schwere Rückschläge für uns, die auch den Glauben an einen gerechten Gott infrage stellten. Aber nicht nachhaltig.

Wie passt der christliche Glaube in das Leben eines liberalen Menschen?

Ich glaube, das passt zusammen. Auch bei allem Hang zum Dogmatismus, den der christliche Glaube mitbringt. Wenn Sie liberal denken und handeln, dann respektieren Sie jede Art, zu sein. Und jede Art, zu glauben. Ich habe kein Problem mit meiner Religion und auch nicht mit anderen Religionen.

Religionen sind heute nicht selten Anlass für Gewalt und Kriege.

Diese Verbrechen geschehen meist nur im Namen der Religion. Schauen wir nur aktuell in den Iran. Religionen sind davor leider nicht geschützt. Auch in der Vergangenheit hatten Religionen selbst bekanntlich immer wieder Gewaltgeschichten. Etwa das Christentum mit seinen Kreuzzügen. Grundsätzlich gilt es dennoch, jede Religion und jeden gläubigen Menschen zu respektieren, weil ja jeder in seiner Religion meint, er hat den besten Weg ins Himmelreich, ins Nirwana oder wohin auch immer. Das sollte man respektieren.

Woran halten Sie sich persönlich fest im Glauben?

Dass wir nach dem Tod weiterleben. Dass es Himmel und Hölle gibt. Dass ein vorbildliches Leben im Himmel belohnt wird. Viel mehr kann man nicht tun, dann muss man abwarten. Vielleicht noch hoffen, dass der Himmel nicht überfüllt ist.

Was schenkt Ihnen Trost?

Ich mag den Gedanken sehr, dass man sich durch den Tod trennt und sich im Jenseits wiedersieht.

Wie stellen Sie sich denn das Jenseits vor?

Es ist schwer, sich das bildlich vorzustellen. Ich habe gelernt, zu glauben, dass Gottes Weisheit dort anfängt, wo des Menschen Weisheit endet. Alles, was über uns hinausgeht, entzieht sich der menschlichen Vorstellungskraft. Der Kosmos ist ein unbegreifliches Phänomen, seine Dimensionen sind unvorstellbar, der Mensch selbst mit seinen Organen und Funktionen ist ein hochkomplexes Wunderwerk. Da muss es doch eine Macht, eine Kraft geben, die gut ist und uns hier unten im Sandkasten des Kosmos behütet.

Haben Sie denn einen Wunsch an das Jenseits?

Es soll bloß nicht langweilig sein, das wäre das Allerletzte. Ich hätte gerne auch im Himmel etwas zu tun. Das Weiterleben dort wird anders sein als auf der Erde. Es wird keine Gerichte brauchen, weil es keine Streitigkeiten gibt. Eine schöne Vorstellung.

Ihr Vater ist früh verstorben. Wo ist er in Ihrer Vorstellung?

Ich habe mir immer vorgestellt, wie er von da oben schmunzelnd auf die Welt herunterblickt und sieht, was ich so alles getrieben habe.

Hoffen Sie auf ein Wiedersehen im Jenseits?

Ich habe keine Zweifel, dass ich meinen Vater und meine Mutter wiedersehen werde, wenn ich gestorben bin. Das ist auch tröstlich. Dass man nicht einfach stirbt und dann ist alles weg. Fertig. Basta.

Haben Sie Zweifel daran, dass Ihr Vater stolz auf Sie ist?

Er lebte nach dem Motto »Nix gesagt, ist genug gelobt«. Ich denke, dass er auch im Himmel daran nichts geändert hat.

Zum Glauben gehört der Zweifel. Woran zweifeln Sie?

Gerade in der aktuellen Zeit könnte man fragen, warum ein Gott immer wieder Krisen zulässt. Ich weiß es nicht.

Die kirchliche Bindung der Bevölkerung lässt stark nach. Wie erklären Sie sich das?

In Deutschland dürfte die Sexualmoral dabei die größte Rolle spielen. Manch einer will bestimmt auch Kirchensteuer sparen. Wer eine aufgeklärte Sexualmoral vertritt, fühlt sich in der Kirche nicht mehr heimisch und zugehörig. Da ist es kein Wunder, dass mehr und mehr Menschen den Kirchen den Rücken zukehren. Ich bin nicht katholisch, aber ich finde es auch einfach kindisch, dass diese Kirche keine Pfarrerinnen ordinieren will.

Beobachten Sie den Bedeutungsverlust von Kirche mit Sorge?

Nein, für unsere Gesellschaft ist die Orientierung an Gesetzen von größerer Bedeutung. Gerade das Grundgesetz ist ja im Grunde auch eine Anbindung an die Zehn Gebote. Beide Texte handeln von Regeln für ein faires Leben ohne schlechtes Gewissen.

Da ist kein Bedauern, dass die kirchliche Sozialisierung in Deutschland irgendwann der Vergangenheit angehören wird?

Ach, wissen Sie, mit der Zunahme der künstlichen Intelligenz und mit der ganzen Computerei war doch klar, dass die Bindung an die Religion abnehmen wird. Die Leute verlassen sich heute auf sich selbst und nicht mehr auf die Bibel. Die Welle der Kirchenaustritte ist das Resultat einer Denkweise, dass wir Menschen Herr unserer Sinne und Handlungen sind. Dass das dazu führt, dass der Segen der eigenen Eltern keine große Bedeutung mehr zu haben scheint, finde ich schade. Den Segen der Eltern halte ich für wichtig. Mir persönlich ist auch das Wohlwollen Gottes sehr wichtig.

Sie zögern?

Es ist vielleicht eine große Einbildung, wenn ein Menschlein meint, der riesige Gott, der über das ganze Weltall herrscht, würde sich im Einzelnen auch mit einem kleinen Kaufmann in Künzelsau beschäftigen.

Während die Großkirchen eine Relevanzkrise erleben, grassierte in den vergangenen Jahren ein Hang zum Verschwörungsglauben. Woher kommt das Ihrer Meinung nach?

Ich habe es nicht kommen sehen, dass ein derart großes Misstrauen gegenüber der Wissenschaft, der Virologie und allgemein der Medizin vorherrscht. Wie kann man gegen diese Errungenschaften so in Abwehrstellung gehen? Ich finde das schwierig, aber man muss es respektieren lernen. Wer von Liberalität redet, muss sie auch leben.

V

Krise und Verantwortung

Dieses Kapitel war nicht geplant und ist der aktuellen Zeit geschuldet. In ausnahmslos jedem Gespräch über verschiedene Themen kamen wir irgendwann bei der Weltlage an, genauer bei den aktuellen Krisen, die um uns herum tobten und weiterhin toben.

Die Welt erlebte eine Pandemie, Russland hat die Ukraine angegriffen, Deutschland erlebt einen ernsthaften Energieengpass und Reinhold Würth sitzt in seinem Büro in Künzelsau-Gaisbach und all das steht ihm ins Gesicht geschrieben. Nicht nur dem Geschäftsmann Reinhold Würth, auch dem Menschen, der Russland liebt und mit Verve an der europäischen Idee festhält.

Es muss Reinhold Würth wie ein großer Kreis vorkommen, dass im hohen Alter die Zeichen um ihn herum wieder auf Krieg und Verderben hindeuten. Er, der als Kind den Zweiten Weltkrieg kommen und gehen sah, er, der am Wiederaufbau eines Landes beteiligt war und weiß, was Mangel heißt.

Seine geliebte Frau Carmen, sagt Würth, habe früher einmal den Wunsch gehegt, in Russland einen Altersruhesitz zu haben. So groß sei die Liebe zu diesem Land gewachsen bei ihren Reisen durch die Städte und Steppen Russlands. Doch ein Ruhesitz in Russland ist angesichts der momentanen Situation nicht in Sicht.

Was denken Sie gerade über die aktuelle Weltlage?

Ich frage mich, wohin Russland steuert.

Kennen Sie Russland gut?

Ich habe viele russische Bekannte und auch Freunde. Alle sagen mir: Du hast mehr gesehen von unserem Land als ich. Ich kenne Russland von Kamtschatka bis Irkutsk, ich kenne Moskau und St. Petersburg.

Was hat Ihnen besonders gefallen?

Die Freundlichkeit der Menschen dort. Meine Frau hat immer mal wieder mit einem Augenzwinkern gesagt, sie hätte sehr gern einen Alterssitz in Moskau, weil die Menschen so freundlich sind. Es ist sehr schade, dass das Ganze so verfahren ist. Und es ist sehr schade, dass das Land jetzt unter einer solchen Diktatur leidet. Wir sind einmal mit dem Schiff von Moskau nach St. Petersburg gefahren, das war wirklich ein Traum. Eine unglaublich schöne Welt.

Von der sich die westliche Welt gerade auf unbestimmte Zeit abgewendet hat.

Ich muss sagen, ich habe Herrn Putin früher hoch geschätzt. Er hat zusammen mit Boris Jelzin praktisch die Befreiung vom Kommunismus zustande gebracht. Ich war der Meinung, das wird jetzt eine blühende Demokratie werden. Heute stehen wir vor der Frage, ob die Welt zu einer postatomaren Brache verfällt oder ob wir in hohem Wohlstand mit Vier-Tage-Woche leben werden und Computer und Roboter das Unangenehme für uns erledigen werden. Ein gutes oder ein katastrophales Leben, dazwischen wird es sich bewegen.

Das ist allerhand Spielraum.

Ja, da passt viel dazwischen, eigentlich alles. Die Erde ist so wunderbar und all das könnte zerstört werden von ein paar wirren Köpfen. Ich bin vom russischen Präsidenten bitter enttäuscht. Früher habe ich Putin überall hochgehalten und immer wieder gerne eine kleine Story erzählt, die ich vom Hörensagen kenne.

Welche Geschichte war das?

Putin war wohl in Dresden und hat dort das *Grüne Gewölbe* besucht. Anschließend ist er mit seiner Entourage losgefahren, hat aber dann den Wagen noch mal anhalten lassen und ist zurückgegangen. Er hatte vergessen, den Museumsdirektor per Handschlag zu verabschieden. Eine kleine, absolut unbedeutende Geste, aber sie zeigt, dass er Stil hat und Wert auf gutes Benehmen legt. Das hat mir sehr gefallen und mir geradezu imponiert. Dass

Putin später die Verantwortung für so viele Tote tragen würde, das hätte ich mir nicht vorstellen können.

Hat sich in Ihren Augen auch der Westen falsch verhalten?

Sicher gibt es Dinge, die man kritisieren könnte, ganz klar. Der größte Fehler war, dass man die drei baltischen Staaten Litauen, Lettland und Estland in die NATO aufgenommen hat. Obwohl Hans-Dietrich Genscher 1990 bei den 2+4-Gesprächen in Moskau ziemlich deutlich gemacht hatte, dass man die NATO nicht erweitern will. Ich habe diese Passagen noch mal nachgelesen, und da ist die Aussage schon eindeutig, dass man die NATO nicht vergrößern will.

Die baltischen Staaten haben den Wunsch jedoch selbst mehrfach geäußert und auf die Bedrohung durch Russland hingewiesen.

Aus russischer Sicht musste das dennoch als Einkreisung verstanden werden. Man hätte das Ganze anders aufziehen müssen. Die kulturellen Verbindungen hätten viel enger gepflegt werden müssen. Frieden in dieser Region hätte für die ganze Welt Vorteile: Man hätte so viel Geld zur Verfügung, um die Armut auf der Welt zu beenden, um Krankheiten zu bekämpfen und die medizinische Forschung voranzutreiben, sich um die Fürsorge für die Menschen weltweit zu kümmern. Stattdessen fließen nun über lange Zeit Trilliarden Euro und Dollar in die Rüstung.

Haben Sie die Hoffnung, dass Dialog und Verständigung das Verhältnis zwischen Russland, der Ukraine und dem Westen heilen?

Ich zweifle daran, dass mit Putin noch eine Wende vollzogen werden kann. Wenn er aus dem Amt ist, hätte ich die Hoffnung, dass der neue Staatschef auf eine Annäherung mit dem Westen hinarbeitet.

Wie beobachten Sie die Bemühungen der Ukraine, Mitglied der EU zu werden?

Ich würde nicht sagen, dass man die Ukraine im Moment aufnehmen sollte in die Europäische Union. Nicht, solange dieser Krieg noch nicht in irgendeiner Form ausgestanden ist. Durch irgendeinen faulen Kompromiss würde ich die Ukraine nicht in die EU aufnehmen. Auch nicht in die NATO.

Tut die Bundesregierung genug, um diesen Krieg möglichst bald zu beenden?

Die Regierung handelt in meinen Augen realistisch. Ich möchte nicht in der Haut des Bundeskanzlers stecken. Aber ich halte ihn für klug und vernünftig.

Denken Sie momentan wieder oft an Ihre Kindheit und das Aufwachsen in Kriegszeiten?

Ich weiß, was Krieg heißt. Ich war zehn Jahre alt, als der Zweite Weltkrieg zu Ende ging. Es hat Zeit und Kraft gekostet, etwa die Bilder von den Leichen auf den Straßen Heilbronns loszuwerden. Aber es war gewissermaßen mein Glück, dass wir damals Kinder waren. Als Bub lebt man in einer eigenen Welt. Das schützt einen auf eine gewisse Weise.

Das Aufwachsen im Krieg hat Ihre Generation Demut gelehrt. Was geht verloren, wenn Ihre Generation einmal nicht mehr ist?

Der Tiefgang, den meine Generation hatte, der wird abnehmen und irgendwann ganz fehlen. Nicht weil wir bessere Menschen gewesen wären, aber weil wir im Leben mehr mussten und weniger konnten. Freiheit war für uns nie selbstverständlich. Das hat uns geprägt.

Haben Sie Angst angesichts der aktuellen Weltlage?

Es ist mehr eine dauerhafte Sorge, die ich spüre. Wir erleben seit Jahren immer wieder Krisen und Konflikte, die leicht zu Größerem hochkochen könnten.

Sind Sie auch konkret in Sorge um Ihr Lebenswerk?

Manchmal beschleichen mich Gedanken, wohin all das führen könnte. Von Kiew ist es nicht mehr weit nach Berlin. Aber ich habe die Hoffnung nicht aufgegeben, dass die menschliche Vernunft doch noch da ist und dass ein gewisser Humanismus am Ende die Dummheit der Menschen übersteigt und besiegt.

Was macht eine heile Welt für Sie aus?

Wenn es keinen Krieg gibt. Das wäre die einfache Antwort, eine solche Welt scheint heute aber in weiter Ferne zu sein. Eine heile Welt ist aber auch eine funktionierende Familie, ein funktionierendes Unternehmen, ein funktionierendes Land. Die Europäische Union muss sich von ihrem Prinzip der Einstimmigkeit bei Gesetzesvorhaben verabschieden, dann haben wir auch da ein super System. Heute kann jeder die EU blockieren und steht der Weiterentwicklung dieses großartigen Projekts im Weg, ein riesiger Fehler.

Woher nehmen Sie eigentlich Ihre Leidenschaft für Europa?

Diese Leidenschaft ist durch meine vielen Reisen gewachsen. Auch wenn man in die

Geschichte schaut: Es hat immer wieder Allianzen unterschiedlichster Art gegeben, aber so weit sind wir nie gekommen, dass wir für große Teile das gleiche Geld und gemeinsame Gesetze haben. Also ist das doch ein großes Werk, was die Europäische Union heute darstellt.

Die Kritik an der EU mit ihrer Bürokratie ist inzwischen oft wahrnehmbarer als die EU selbst.

Insgesamt gibt es mehr den Drang in die EU hinein als hinaus. Viele Länder wollen Mitglied in der Europäischen Union sein. Und wie sich ein Austritt wie der von Großbritannien auswirkt, muss man noch einige Jahre abwarten. Obwohl das alles im Moment unglaublich volatil ist. Wir wissen nicht, ob in fünf Jahren überhaupt noch etwas existiert. Wenn die anfangen mit Atombomben, dann haben wir garantiert den Dritten Weltkrieg. Dann bleibt von der Welt nicht viel übrig.

Wenn wir uns die aktuelle Weltlage anschauen: Was würden Sie Ihren Kindern und Enkelkindern wünschen?

Sie sollen in eine demokratische, freiheitliche Welt hineinwachsen. In ein gefestigtes und friedliches Europa.

Nicht zuletzt die Covid-Pandemie hat die deutsche Wirtschaft in die Krise gestürzt. Arbeitsplätze waren und sind in Gefahr. Was ging Ihnen zu dieser Zeit durch den Kopf?

Für mich sind Wirtschaftskrisen auch Momente, in denen liberale Gesellschaften sich beweisen müssen. Arbeit ist eine Basis unserer freiheitlichen Grundordnung. Wenn die Arbeitslosigkeit steigt, dann ist es schnell vorbei mit der Demokratie, es kommt zu Unruhen und Aufständen, irgendwann droht gar ein Bürgerkrieg. Auch deshalb liegt besonders in Krisenzeiten das Augenmerk von Regierungen auf der Sicherung von Arbeitsplätzen. Nicht zuletzt mit Zuschüssen für Unternehmen und Kurzarbeitergeld, damit möglichst wenig Leute entlassen werden.

Das klingt, als würde Ihnen in Friedenszeiten zu wenig auf Arbeitsplatzbeschaffung geachtet werden?

Mich stört in dieser Frage eher die leidige Perspektive auf Arbeitgeber. Ich fürchte wirklich, dass unser Land in dieser Hinsicht noch viel lernen muss. Arbeitgeber werden permanent attackiert und angegriffen, und es wird überhaupt nicht realisiert, was sie eigentlich leisten. Die Bevölkerung wird getrimmt, zu denken, Arbeitgeber seien Blutsauger, die nur an die eigene Kasse denken, einen Haufen Geld zusammenscheffeln und immer reicher werden. Das finde ich hochgradig unfair.

Was geht Ihrer Meinung nach dabei unter?

Dass Arbeitsplätze zu schaffen und Gewinne in den Ausbau eines Unternehmens zu stecken eine halb öffentliche Aufgabe ist. Das heißt, der Unternehmensgewinn, der in der Öffentlichkeit oft verteufelt wird, ist unglaublich wichtig. Alles andere finde ich einfach kurzsichtig, weil 99 % der Unternehmer in ihrem täglichen Tun nicht in erster Linie die eigene Kasse im Visier haben. Die haben vielmehr ihr Unternehmen im Blick, die Wirtschaftslage und die Weltlage sowieso. Wie geht es nächstes Jahr weiter mit meinem Unternehmen? Kann ich in China einen Betrieb aufmachen? Kann ich in Australien eine Niederlassung eröffnen oder auch mal irgendwo abspecken? Ich meine, da gibt es 100.000 Möglichkeiten. Aber man muss das Auge dafür haben. Man muss die Idee haben und vor allem den Mut, sich in den Wind zu stellen.

Ist diese Kritik ein deutsches Phänomen?

Nein, es hat wohl mit Neid zu tun. Neid ist eine hartnäckige Charaktereigenschaft des Menschen, ob in Deutschland, in den USA, in Argentinien oder in Russland. Das ist nichts Außergewöhnliches. Mein Eindruck ist aber, dass sich die Menschen in Deutschland sehr schnell ein bestimmtes Bild von einer Person machen. Nehmen Sie mich als Beispiel: Ich fahre nicht mehr selbst Auto, denn meine Frau hat Sorgen um mich wegen meines hohen Alters. Der Bürger sieht nur: Der Würth hat einen Fahrer. Und wer nicht nachdenkt, kommt zu der Konklusion: Der Würth ist reich und lässt sich nur noch herumkutschieren. Dabei bin ich mir sehr sicher, keiner von denen, der so denkt, würde so viele Arbeitswochen arbeiten, keine 14 Stunden am Tag mit fast 90 Jahren. Andere gehen mit 57 oder 58 Jahren in den Vorruhestand, ich arbeite schon jetzt 30 Jahre länger.

Hat sich der Blick auf die Unternehmer über die Jahre verändert?

Ich finde nicht. Was sich verändert hat, ist die Anspruchshaltung vieler Menschen. Inzwischen haben sich viele Bürgerinnen und Bürger in Deutschland daran gewöhnt, dass sie sich auf den Staat verlassen können. Natürlich gibt es viele Menschen mit berechtigten Sorgen um ihre finanzielle Zukunft, aber alle wissen, dass der Staat da ist und es im Zweifel richten wird. Ich will das nicht bewerten, aber festhalten, das ist ein großer Unterschied zu vorherigen Generationen. Der Staat hält inzwischen schützend die Hand über alle und macht alle Menschen gleich.

Sind denn nicht alle Menschen gleich?

Wir sind alle Menschen, daran gibt es überhaupt keine Zweifel. Aber ich frage mich, woher die Angriffe auf die sogenannten Superreichen herrühren. Als ich in das Familienunternehmen eingestiegen bin, gab es keine Sicherheiten, der Staat lag am Boden, das System war kollabiert. Mir wurde nichts geschenkt. Viele wissen, wie reich ich bin, aber kaum jemand fragt, wie ich dahin gekommen bin. Ich bin 24 Stunden am Tag für die Firma da, konnte nur bruchstückhaft bei meiner Familie sein und arbeitete auch im Urlaub nebenher. Ich weiß nicht, wie viele Menschen diese Bereitschaft aufbringen würden.

Haben Sie den Eindruck, das wird nicht respektiert?

Der Blick auf unternehmerisch erfolgreiche Menschen ist mir oft zu einseitig. Hinter diesem Erfolg steckt in der Regel ein unwahrscheinlicher Arbeitseinsatz. Tag und Nacht, sieben Tage in der Woche, Sommer und Winter. Und trotzdem werden Menschen immer sagen, dass da ein gewisses Glück dazugehört. Mir ist wichtig, dass Menschen sehen, dass wir erwirtschaftetes Geld nicht verprasst haben, sondern sichere Arbeitsplätze für über 80.000 Menschen bieten können und ein wirtschaftlich stabiles Unternehmen sind. Das gerät in den

Diskussionen über Reiche in Deutschland oft in Vergessenheit.

Sie nannten das Klima unser größtes Menschheitsthema. Worin sehen Sie Ihren persönlichen Beitrag gegen die Klimakatastrophe?

Sparsamkeit war noch nie von Übel. Weder im Reichtum noch in der Armut. Sparsamkeit bietet Überlebenschancen, sie bewahrt und kann Katastrophen verhindern. Jeder Liter Diesel, jeder Liter Benzin, den wir verfahren, kommt nie wieder, der ist weg. Und so ist es auch mit dem Reichtum der Länder, die über die Bodenschätze verfügen. Ob China mit den seltenen Erden oder Russland mit Öl und Gas oder Saudi-Arabien. Irgendwann sind die Ölreserven, die Ressourcen ausgeschöpft und kommen nie wieder. Deswegen ist es vernünftig, auf jeden Fall zu sparen.

Was denken Sie über junge Klimaaktivistinnen wie Greta Thunberg oder Luisa Neubauer?

Ich halte sie auf eine gewisse Art und Weise für Visionärinnen, weil sie uns ermahnen. Und deswegen ist es auf jeden Fall nicht unvernünftig, die Straßenlaternen um ein Uhr nachts abzustellen und in der Toilette das Licht auszumachen, wenn man es nicht mehr braucht.

VI

Vom Sterben und Bleiben

Wie spricht man mit einem Menschen über seinen Tod? Um die Fragen zu diesem Kapitel habe ich lange Zeit einen weiten Bogen gemacht. Wie fragt man nach Wünschen an die Beerdigung, nach Angst vor dem Sterben, nach letzten Zielen, ohne einen Menschen bereits für halbtot zu erklären?

Reinhold Würth hat diese Zurückhaltung in wenigen Sekunden weggewischt. Der Tod gehöre zum Leben, er sei auf den letzten Zentimetern des Lebenslineals angelangt, das zu leugnen wäre naiv. So entspann sich ein Gespräch über die Fähigkeit, Hilfe anzunehmen, über den Wunsch nach einem friedvollen Tod und der Beerdigung in Künzelsau.

Es wäre zu viel des Guten, zu sagen, Reinhold Würth sei vorbereitet auf den Tod. Aber er scheint es annehmen zu können, dass es jederzeit so weit sein kann.

Er erzählt dann gerne von den täglichen Schwimmeinheiten im hauseigenen Schwimmbad, auch zu später Stunde nach einem langen Arbeitstag. Die Smartwatch piepst betulich an seinem Handgelenk, wenn er sich bewegen soll.

Er lebe gerne, sagt Reinhold Würth, es dürfe also auch gerne noch ein Weilchen so weitergehen.

Was löst bei Ihnen Glücksmomente aus?

Wenn ich ausgeschlafen bin, dann bin ich besonders glücklich. Aber zunächst einmal müsste man definieren: Was ist überhaupt Glück?

Wie würden Sie es definieren?

Da gibt es verschiedene Stockwerke. Glück fängt bei den Schuhen an und reicht bis zur Gottesfrage. Dieses Thema geht durch alle Zivilisationen, durch alle Distanzen, durch alle Zeiten.

Sind Sie denn glücklich?

Kann man das mit einem klaren Ja oder Nein beantworten? Ich glaube, da muss man sich Segmente anschauen. Auf diesem Gebiet fühle ich mich glücklich, auf einem anderen Gebiet habe ich noch etwas zu tun. Am Ende kann man zusammenzählen und sagen, das Glück überwiegt oder das Unglück ist größer.

Ich stelle die Frage ein wenig anders:
Was ist Ihr größtes Glück im Leben?

In Frieden und Harmonie leben zu dürfen. Ich glaube, dass ich mein größtes Glück damit gut beschrieben habe. In einer Familie, einer Gemeinde, einem Land, und all das ohne Querschlägerraketen im Vorgarten oder eine permanente Bedrohung.

Was für ein Mensch wollen Sie einmal gewesen sein?

Ich bin ein Mensch, der, wie alle anderen auch, seine Fehler hat. Eine gewisse Zuverlässigkeit darf ich mir zuschreiben. Kurze Antwort: ein Mensch, der mit beiden Beinen auf dem Boden blieb.

Gibt es Dinge, die Sie gerne noch erreichen möchten?

In meinem Alter haben Sie keine Ziele mehr. Da ist man froh, wenn man jeden Tag aufstehen kann. Ich bin dem lieben Gott dankbar, dass ich ein so langes Leben zugemessen bekommen habe.

Ein Traum, den Sie sich erarbeitet haben, ist das Fliegen Ihrer Flugzeuge. Inzwischen lassen Sie sich fliegen. Fehlt es Ihnen?

Mit 80 habe ich die Lizenz abgegeben, das forderte einfach die Vernunft. Es fehlt mir nicht wirklich, ich sitze inzwischen gerne hinten und lese die Presse oder diktiere meine Briefe. Aber manchmal kitzelt es mich. Kürzlich hat mich der Hersteller der Falcon-Flugzeuge eingeladen, seinen Flugsimulator zu benutzen und ein paar Stunden zu fliegen. Das fühlt sich verblüffend echt an. Man vergisst, dass man gar nicht in der Luft ist.

Macht Ihnen der eigene Tod Angst?

Der Tod gehört zum Leben dazu. Das haben Milliarden Menschen vor mir erlebt und Milliarden nach mir werden es auch erleben. Das muss man über sich ergehen lassen, hoffend, dass man nicht zu lange leiden muss. Es wäre für mich peinlich, wenn ich mehrere Jahre dahinsiechen müsste und auf Hilfe angewiesen wäre, wenn ich mich nicht bewegen, nicht mehr sprechen könnte oder im Kopf nicht ganz beieinander wäre. Also das bewegt mich schon.

Können Sie Hilfe nicht gut annehmen?

Wenn mir meine Frau mal hilft, die Knöpfe zuzumachen, bin ich sehr dankbar, diese Hilfe nehme ich gerne an. Ich versuche, die Risiken für schwere Erkrankungen gering zu halten. Ich schwimme, so oft ich kann. Ich trinke kaum Alkohol und rauche nicht. Ich achte auf mich. Und wenn ich so dasitze, könnte ich auch 30, 40, 50 Jahre alt sein.

Wann haben Sie denn angefangen, sich mit der eigenen Vergänglichkeit zu beschäftigen?

Das ist präsent gewesen seit der Schulzeit. Im Religionsunterricht wird Ihnen schon beigebracht, dass das Leben endet und dass die Seele weiterlebt. Das weiß jeder Christ von

Jugend an, wenn er sich mit der Religion beschäftigt.

Wie würden Sie gerne sterben?

Idealerweise an einem Sonntag nach dem Mittagessen in meinem Opa-Stuhl. Die Familie ist da. Ich mache einen Mittagsschlaf und wache nicht wieder auf. Es soll nur bitte schnell gehen. Mir ist unwohl bei dem Gedanken, schwere Schmerzen erleiden zu müssen oder lange Zeit etwa wegen eines Schlaganfalls auf Pflege angewiesen zu sein.

Haben Sie die eigene Beerdigung schon durchgeplant?

Ich habe mein Umfeld nur informiert, dass es nicht zu übertrieben sein soll. Und dass ich in Künzelsau beerdigt werden möchte. Dort sind auch meine Eltern begraben worden. Hier war unser Lebensmittelpunkt. Wie und wo genau meine Familie die Grabstätte macht, interessiert mich dann nicht mehr.

Sie leben schon ein sehr langes Leben und konnten sich Wünsche in der Regel sicherlich erfüllen. Gibt es dennoch offene Wünsche oder offene Fragen, denen Sie sich noch widmen möchten?

Nein, ich lebe das Leben, das ich leben kann. Früher war ich gerne unterwegs, Bergtouren,

Klettersteige, lange Wanderungen. Inzwischen ist der Radius von Spaziergängen doch deutlich reduziert.

Sie werden von Journalisten gerne als Schraubenkönig bezeichnet. Warum mögen Sie diesen Namen nicht?

Ich finde das richtig dumm. Schrauben brauchen keinen König und ich fühle mich auch nicht königlich. Ich bin ein ganz normaler Bürger und kein Herrscher. Ein König kann, der Tradition nach, sagen und machen, was er möchte. Auch das trifft auf mich nicht zu. Ich fühle mich demokratisch und als Humanist. Die Gleichheit der Bürger ist mir ein großes Anliegen und da will ich nichts Besseres sein.

Worauf sind Sie besonders stolz?

Ich bin jetzt 67 Jahre verheiratet mit meiner Carmen. Und ich bin im 74. Jahr für dieses Unternehmen tätig. Ich muss also mehr richtige als falsche Entscheidungen getroffen haben.

Autor:
Jonas Weyrosta, Stuttgart

Lektorat:
text_dienst Isolde Bacher,
Stuttgart

Gestaltung:
Peter Langemann, München

Druck und Bindung:
Memminger MedienCentrum,
Memmingen

ISBN 978-3-89929-433-0

WÜRTH

Mit freundlicher Unterstützung
der Adolf Würth GmbH & Co. KG

W